粗节纱　回丝织入　结头

扭结纬纱　浮经　吊经

浮纬　粗纬　杂物织入

经纱斑点　污渍纱　断纬

断经

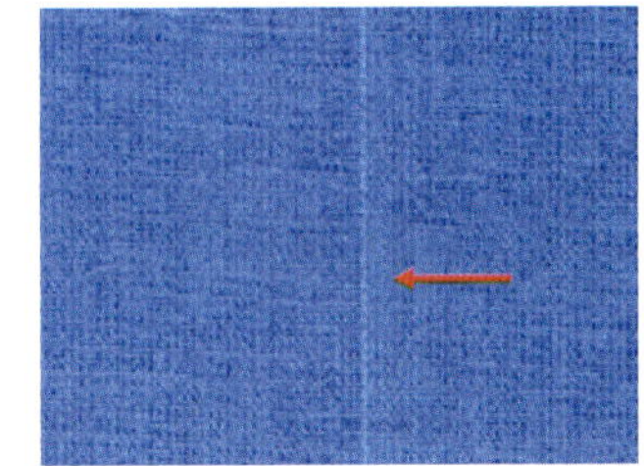
粗经

筘痕

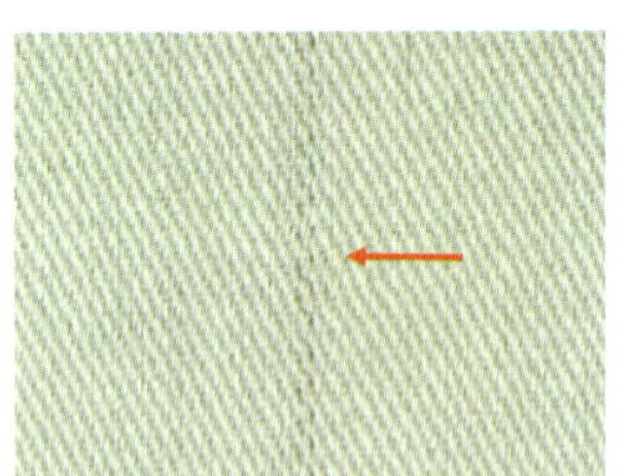
松经

彩图 1

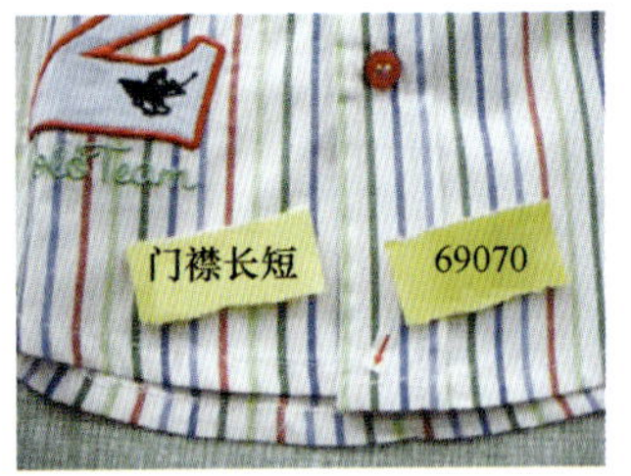

门襟长短（超限）

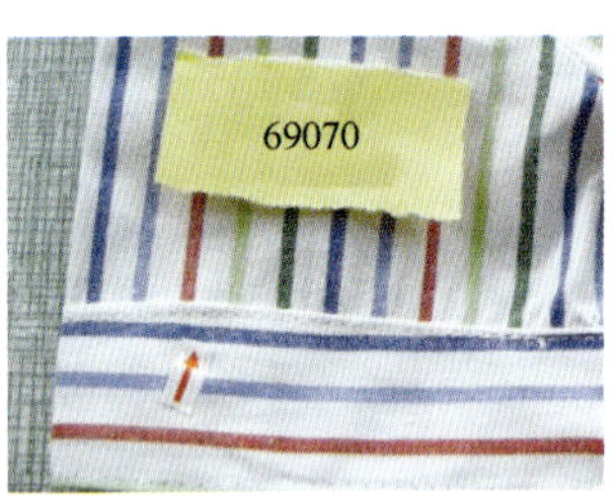

折边宽窄

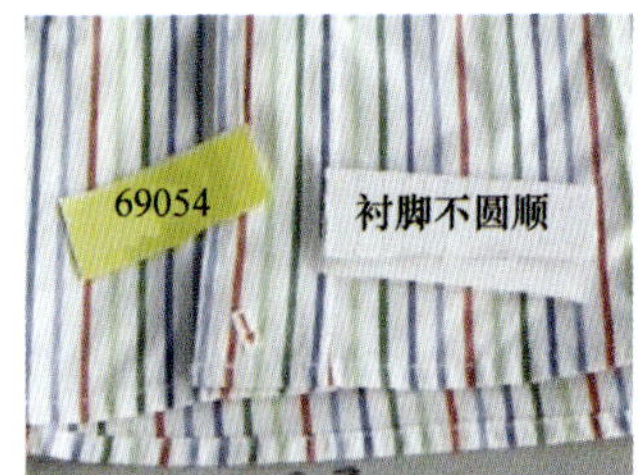

衬脚不圆顺

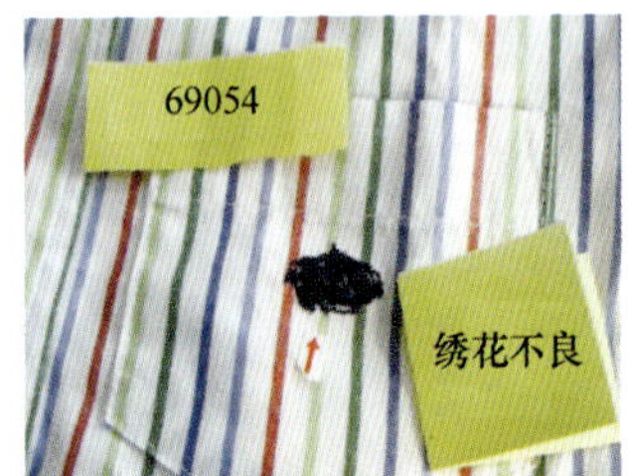

绣花不良

缝制吃纵

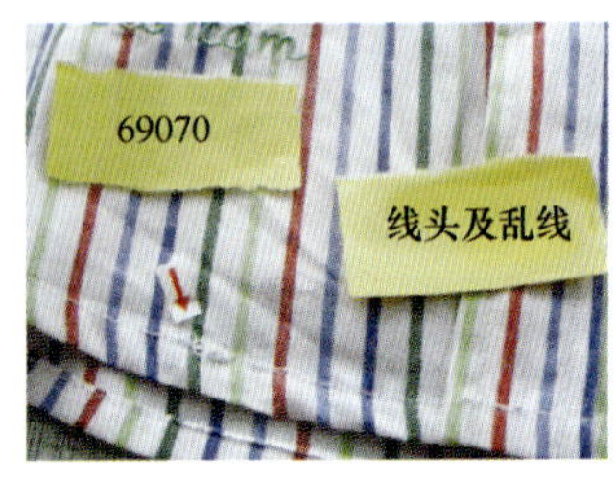

线头及乱线（正面）

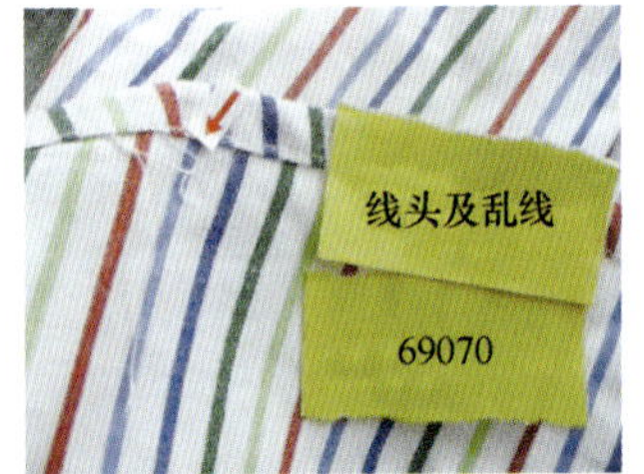

线头及乱线（反面）

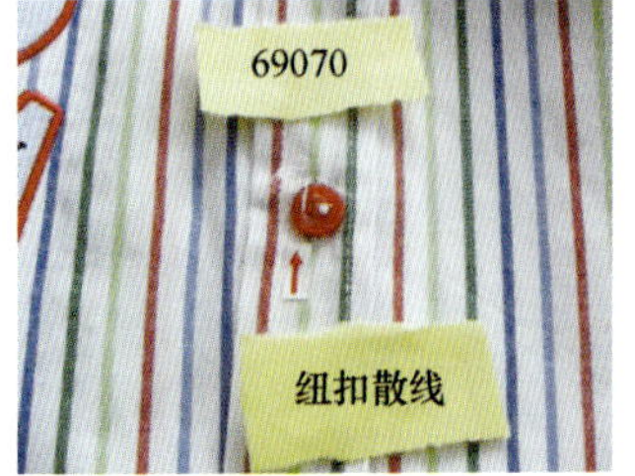

纽扣散线

针距突变

彩图 2

国家级职业教育规划教材
全国技工院校服装设计与制作专业教材（中级技能层级）
全国中等职业学校服装类专业教材

（第3版）

服装质量管理与检验

人力资源社会保障部教材办公室　组织编写
李蔚　主　编

中国劳动社会保障出版社

简　介

本教材根据服装企业岗位需求和学校教学的实际情况，以服装生产流程中的质量管理为主线，全面、系统地阐述了服装产前、产中和产后各个环节的质量管理与控制，并对衬衫、西裤和西装三类典型服装的成品检验分别加以详述。教材使用大量图片和表格配合文字讲述，可读性和实用性较强。本教材可作为职业院校服装类专业教材，也可作为服装企业跟单、生产管理和检验等人员的参考用书。

本教材由李蔚任主编，陈义华审稿。

图书在版编目（CIP）数据

服装质量管理与检验 / 李蔚主编 . --3 版 . -- 北京：中国劳动社会保障出版社，2018
全国技工院校服装设计与制作专业教材 . 中级技能层级　全国中等职业学校服装类专业教材
ISBN 978-7-5167-3643-2

Ⅰ . ①服…　Ⅱ . ①李…　Ⅲ . ①服装工业 – 质量管理 – 中等专业学校 – 教材②服装 – 检验 – 中等专业学校 – 教材　Ⅳ . ①F407.866.3 ②TS941.79

中国版本图书馆 CIP 数据核字 (2018) 第 180784 号

中国劳动社会保障出版社出版发行

（北京市惠新东街 1 号　邮政编码：100029）

*

国铁印务有限公司印刷装订　新华书店经销

787 毫米 × 1092 毫米　16 开本　8 印张　1 彩插页　152 千字

2018 年 8 月第 3 版　　2022年 8 月第 3 次印刷

定价：16.00 元

读者服务部电话：（010）64929211/84209101/64921644

营销中心电话：（010）64962347

出版社网址：http：// www.class.com.cn

http：// jg.class.com.cn

前　言

全国中等职业技术学校服装设计与制作专业教材自2002年出版以来，在职业院校教学及相关培训中发挥了重要作用，受到广大师生的好评。近年来，随着服装行业的发展，企业对服装从业人员的知识水平和技能水平提出了更高的要求。为了适应这一变化，满足学校培养人才的需求，我们对现有教材进行了修订。

在本次修订工作中，我们收集了服装企业对技能型人才的具体要求以及学校使用教材的反馈意见，组织了一批教学经验丰富、实践能力强的教师与行业、企业专家进行充分研讨，确定重点做好以下几方面工作：

第一，更新教材内容。根据服装行业的发展变化，调整更新了相关教材的结构和内容，体现行业新理念、新标准、新技术和新工艺。进一步增加实践性教学内容的比重，在服装结构制图、服装CAD等主要技能课教材中，更多地选用与企业生产结合紧密的实践案例，并配以详细的过程分析和操作指导，以引导学生运用所学知识分析和解决实际问题。

第二，提升教材表现力。通过设置“操作提示”“自测园地”“知识拓展”等不同栏目，增加教材的亲和力，激发学生的学习兴趣。同时，尽可能多地以图表代替冗长的文字叙述，使教材更加生动直观，易于学习。

第三，加强立体化资源建设。在修订教材的同时，补充开发配套的电子课件，电子课件可通过职业教育教学资源和数字学习中心（http://zyjy.class.com.cn）免费下载。在《服装CAD（第三版）》等教材中引入二维码技术，针对教材的重点和难点制作了演示视频等多媒体素材，使用移动终端扫描书中相应位置处的二维码即可在线观看。

本套教材的修订工作得到了有关学校的大力支持，教材的编审人员做了大量的工作，在此，我们表示衷心的感谢！同时，恳切希望广大读者对教材提出宝贵的意见和建议。

人力资源社会保障部教材办公室

目　录

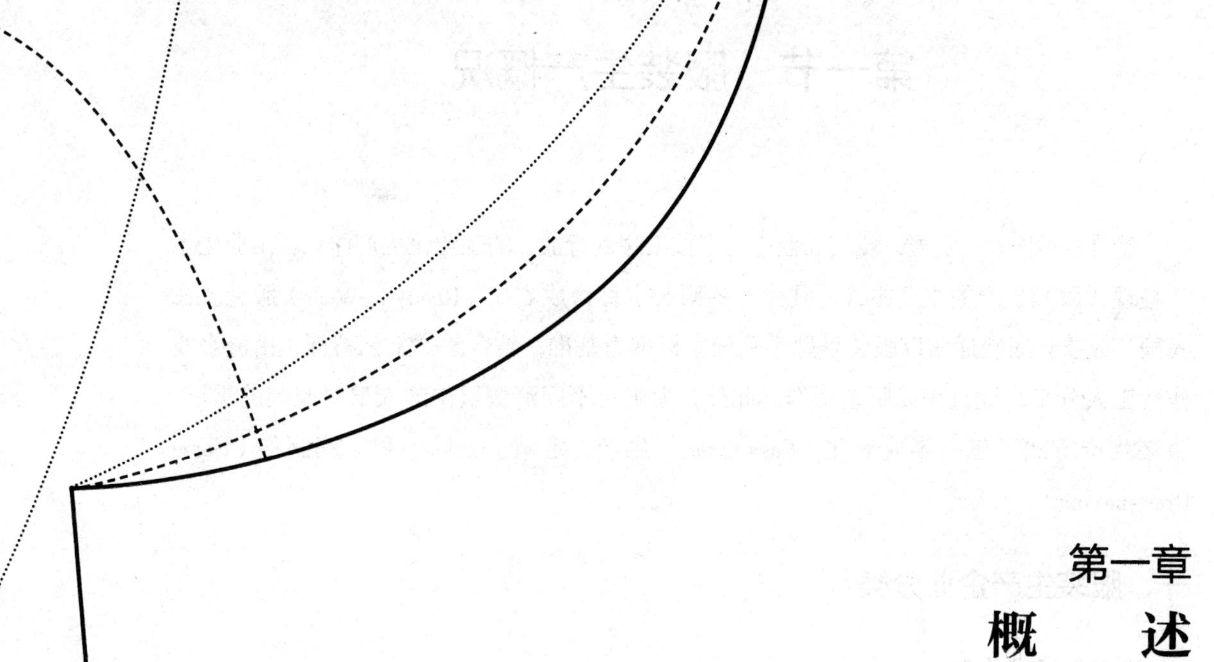

第一章
概　　述

在服装行业致力创新变革、转型发展的过程中，服装质量的重要性不容忽视，质量仍是品牌之本、价值之源。质量管理在服装生产过程中起到了预防和把关作用，能确保服装产品符合国家或行业技术要求，因此服装质量管理应贯穿于服装生产过程中的各个环节。

学习目标

1. 了解服装生产企业的分类，能够描述服装生产的基本流程。

2. 理解产品质量的内涵和质量管理的基本内容。

3. 熟悉标准的概念及分类，掌握我国现行的服装工业常用标准体系的基本内容。

4. 能够根据我国现行的服装工业常用标准体系描述服装产品标准的具体内容。

第一节 服装生产概况

随着科学技术的发展，现代社会产生了按工序进行加工的工业化生产体系。工业化生产是现代服装生产的主要方式，其生产的服装也称为成衣化（Ready-to-Wear）服装。在我国，成衣化服装通常以服装号型系列国家标准为基准，结合款式工艺特征，由流水线作业工人分工序批量完成服装制作。此外，为满足不同消费层次的人群对服装的需求，服装生产方式还包括半成衣化（Easy Order）生产、定做（Order）和家庭制作（Home Dressmaking）。

一、服装生产企业分类

1. 按运作模式分类

服装生产企业按运作模式不同，可分为纯加工型服装企业、品牌型服装企业、品牌加工一体化型服装企业和外贸型服装企业。

2. 按生产服装类别分类

服装生产企业按生产服装的类别不同，可分为西服企业、衬衫企业、针织服装企业等。

3. 按规模大小分类

员工人数在 300 人以下的服装生产企业属于小型企业，员工人数在 300 ～ 800 人的服装生产企业属于中型企业，员工人数在 800 ～ 1 000 人的服装生产企业为大型企业，员工人数在 1 000 人以上的服装生产企业为特大型企业。

二、服装生产过程

服装的生产过程是指根据生产计划的要求，投入需要的面料、辅料，通过裁剪、缝制、整烫等一系列劳动加工形成服装产品的过程。服装成衣生产过程主要包含生产前的准备、裁剪工程、缝制工程、整烫工程和检验包装五大环节，其具体流程如图 1—1 所示。

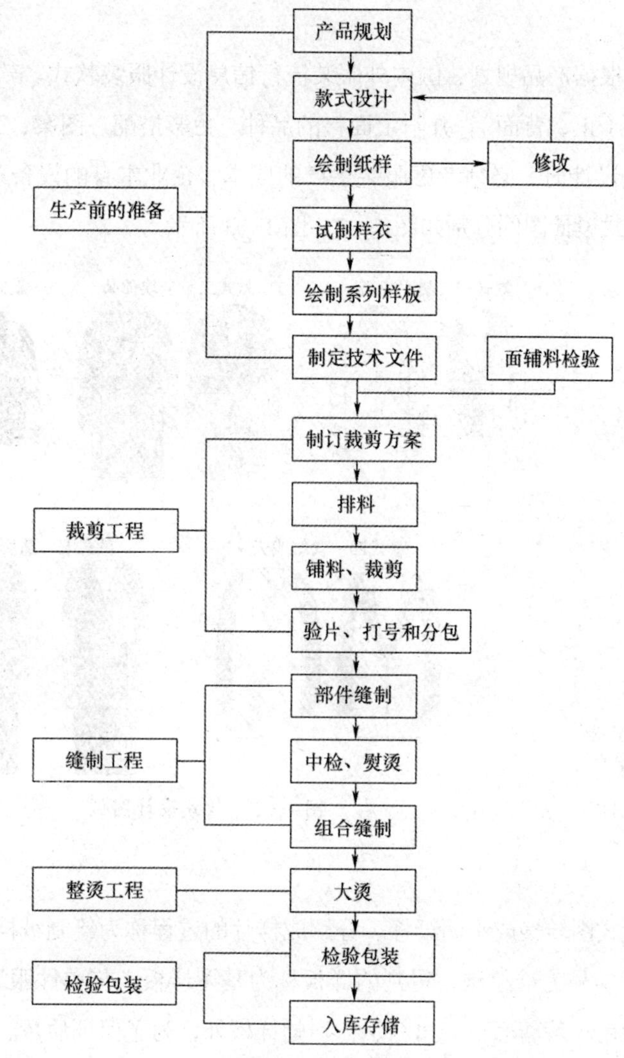

图 1—1 服装成衣生产过程运作流程

1. 生产前的准备

生产前的准备主要包括生产产品的规划、设计和材料准备、技术准备、面辅料检验等内容，是服装生产过程得以顺利实施的重要环节，也是保证产品质量的前提。

（1）产品规划

服装企业决策人员和技术人员共同制订本企业下一季度或年度生产产品的方案和数量。产品规划方案需要根据服装市场的销售情况、流行预测及本企业的生产条件、技术条件综合分析确定，它决定着产品的方向、结构和比例关系，一般需要提前一季、半年或一年制订。

（2）款式设计

企业设计人员根据产品规划、国内外服装流行信息设计服装款式。款式设计应包括服装效果图或款式图（正、背面），并附上面料的品种、色彩搭配、图案、工艺说明等内容。设计人员进行款式设计时，必须考虑服装生产的成本、企业本身的设备条件和技术水平。设计效果图例和款式设计图例分别如图 1—2、图 1—3 所示。

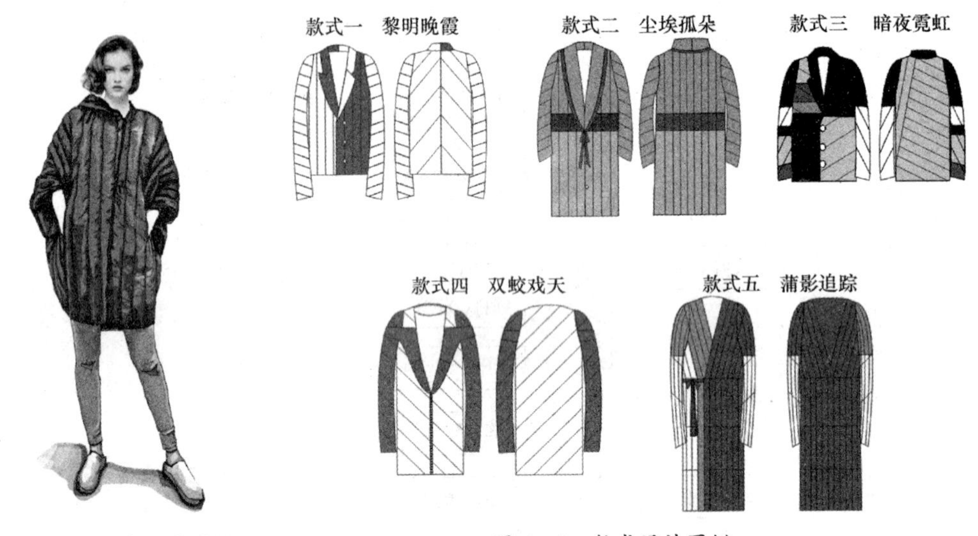

图 1—2　设计效果图例

图 1—3　款式设计图例

（3）绘制纸样

将效果图或款式图转换成平面纸样、分解成样片的过程称为绘制纸样，也是服装结构设计过程。一般以中号为准绘制，得到的样板称为基型样板。与单件服装制作不同的是，工业纸样除了包括用于裁剪面料、里料、衬料的样板外，为了保证质量、提高效率，还包括在服装制作过程中用于定位、定型、定量的工艺样板。绘制纸样过程需要充分把握款式设计者的设计意图、所使用面料的性能和缝制中的具体工艺，从而实现服装从立体到平面，再从平面向立体转化的最终目的。因此，该过程中设计师不仅要具有良好的造型设计能力，还要具有结构设计能力和工艺设计能力。

绘制纸样的方法有原型法、比例分配法、立体裁剪法等。服装样板图例如图 1—4 所示。

（4）试制样衣

根据纸样，裁剪面料、缝制成衣的过程称为试制样衣。

样衣一方面可以检验产品的款式设计效果、纸样绘制是否合理，另一方面是取得客户满意从而订货的依据，同时也为大批量生产过程中的质量管理和成本管理提供标准和依据。如果样衣存在款式设计、结构板型等方面的问题，或制作工艺不利于大批量生产，在不影响效果的前提下，都需要进行修改，直至符合客户要求为止。

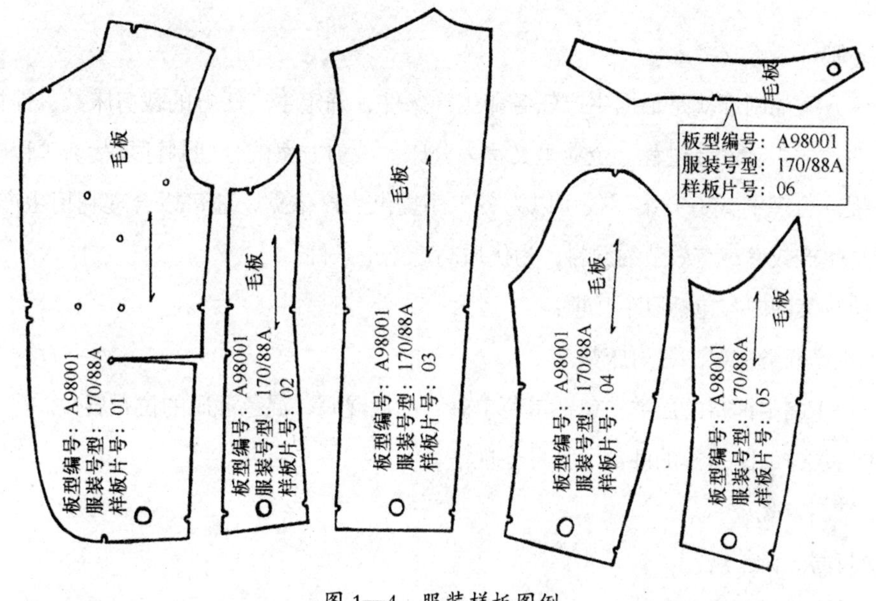

图 1—4 服装样板图例

（5）绘制系列样板

当样衣符合要求，被客户认可后，便可以根据确认的样衣纸样和相应的号型规格系列推出系列样板，供排料、裁剪及制定工艺使用。

（6）制定技术文件

技术部门根据款式的产品规划或订单的要求，按相关服装产品标准，结合企业自身的实际生产情况，制定产品的工艺要求、质量标准、工艺流程等技术文件，以确保生产有序、有据可依。

（7）面辅料检验

为保证服装成品质量，面料进厂后需经过检验、预缩等工序。通过验布，检查出面料有疵点的位置，做出标记，在后续断料或验片工序中剔除，避免进入生产工序产生不合格的产品，造成不必要的损失。针对缩水率大的面料和加工过程中容易引起变形的针织类面料，还需要通过预缩整理或自然回缩，使面料在开裁前缓解或消除制造、印染加工过程中产生的变形，以保证成品的规格尺寸。服装大货生产前，需要对辅料进行性能测试，测试有问题时，可考虑换用其他辅料。

2. 裁剪工程

裁剪工程的主要任务是按服装样板把整匹服装用料切割成不同形状的裁片，以供缝制

工序缝制成衣。裁剪工程包括制订裁剪方案、排料、铺料、裁剪、验片、打号、分包等内容。

（1）制订裁剪方案

裁剪方案的制订就是根据生产任务和生产条件，确定生产任务的裁剪床数、铺料层数及套排件数的工艺设计过程，企业里又称为分床。裁剪方案的合理制订是裁剪工程顺利完成的前提。合理的裁剪方案不仅可以为各工序提供生产依据，还可以合理利用生产条件，充分提高生产效率，有效节约原料，为优质高产创造条件。

裁剪方案的内容包括以下几项：

1）生产任务需要的裁剪床数。

2）每床需要铺料的层数，包括单色单码、单色混码、混色混码的拉布层数。

3）每层排料图所排的件数及其号型规格。

4）铺料方式。

5）打号、分扎规定。

6）技术质量要求。

（2）排料

排料是指按照裁剪方案确定的套排件数，在规定面料幅宽的范围内，将套排件数的所有衣片样板科学、合理地画在排料纸（或面料）上。排料的长度为一个段长，段长是指铺料的长度。排料的技术目标在于追求段长的最小化，段长越小，面料的利用率越高。排料图例如图 1—5 所示。

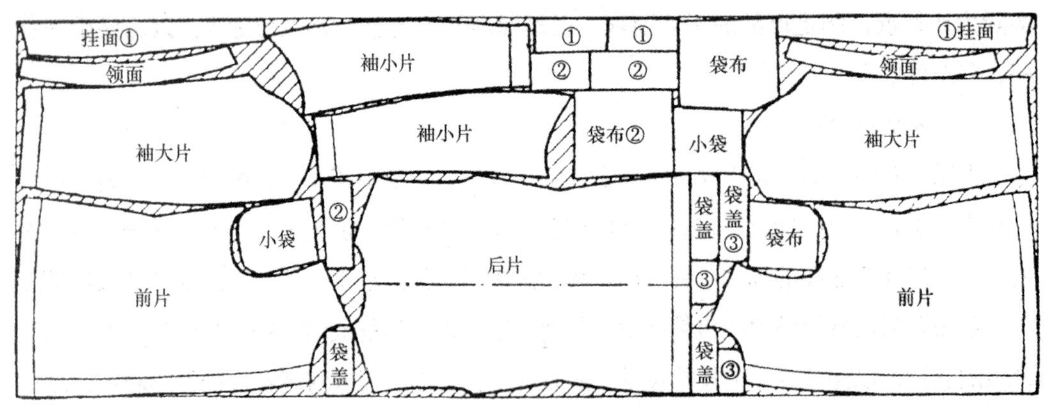

图 1—5　排料图例

无论排料图是画在面料上还是排料纸上，裁剪中都要和一床面料一起裁剪，所以一张排料图只能用一次，裁剪多床面料时，需要复制排料图。

（3）铺料、裁剪

当排料图和排料长度确定后，铺料的任务就是按照排料图的长度和裁剪方案所确定的层数将面料平铺到裁床上，然后按照排料图，用裁剪工具裁出衣片。

（4）验片、打号和分包

为确保裁片的质量，需要检查所裁衣片是否符合要求，如裁片上有无疵点，上下层裁片是否超过误差等。

为防止各匹或同匹面料间的色差，需对衣片进行打号，以确保同层的样片能缝合在一起。

分包即依据部件或衣片组合，将裁片按一定数量分包捆扎，准备进入缝制工序。

3. 缝制工程

裁剪后的衣片通过缝制加工成成衣。根据面料的性质及缝制部位的要求，按照一定的工艺顺序，选用合适的缝纫设备进行部件缝制，中检、熨烫和组合缝制，构成了缝制工程的重要内容。

服装工业生产需要按照技术部门制定的缝制工艺单进行缝制。缝制工艺单中包含了制造规格、相关编号、数量配比、局部工艺制作要求和说明、相关示意图解、缝制要求、面料里料说明、辅料品种规格、包装说明等。服装工业生产中还需要根据企业自身的生产管理水平、员工操作技能、设备性能、场地空间以及所生产的服装产品等因素合理安排生产，做到工艺流程最短、时间最省，保证生产过程的连续性、比例性、节奏性和平行性。

4. 整烫工程

熨烫工程是指使用熨烫熨斗、蒸汽压烫机等工具设备，在一定温度、压力、湿度、时间的作用下，完成服装缝合的缝份、部件以及衣服轮廓的定型，使得服装缝合的缝线顺直、衣领等重要部位和衣服的轮廓定型。

生产中熨烫分为中间熨烫和成品熨烫。服装完成缝制后，需要经过成品熨烫整理才能有良好的外观。

5. 检验包装、入库存储

经整烫的服装产品需要进行检验，判定产品合格或不合格。成品检验也称为最终检验，包括外观检验、外形检验、缝制检验、成品规格检验等。合格产品按照包装要求折叠、装吊牌、包装，最后入库存储。不合格产品返修后再做处理。

需要说明的是，不同的服装企业，产品任务不同，生产流程细节可能会不同，但基本过程和生产环节是一致的，实际生产时可根据需要进行必要的流程调整。

三、我国服装生产的现状与发展

当前我国服装生产的现状如下：

1. 服装业生产类型不断由大批量、少品种、长周期向小批量、多品种、短周期方向发展。

2. 服装生产涉及的面料、辅料众多，新技术、新材料的变化日新月异。

3. 生产工序多，工艺编排复杂，工艺水平和质量标准越来越高。

4. 计算机和信息技术使企业的运作方式发生了根本性变革，其应用涉及产品设计、加工技术和经营管理各个方面。

我国服装产业结构已向产品创新、自主研发和创建品牌方向发展，产业知识密集型、技术密集型特征愈加显现，产业上下游融合发展加速，从时尚美学、服用性能、生态环保、自然健康等方面满足了多元化的消费新需求。随着全球经济一体化的深入推进以及互联网技术和智能技术的不断融合，材料生态化、服饰品牌化、生产智造化、功能智能化、需求定制化、消费个性化、营销数字化、企业多元化、经营国际化是未来服装企业发展的必然趋势。

第二节 服装质量管理基础知识

服装企业生产管理包括质量管理、成本管理、生产计划与控制、生产过程组织与管理、材料管理、设备管理、信息管理、人事管理等内容。其中，质量管理是服装企业生产管理的重中之重，贯穿在产品设计、生产及售后的全过程。

一、质量

质量包括产品质量、工程质量和工作质量三部分内容。服装质量管理主要是针对服装产品质量而进行的一系列管理。产品质量指标是反映产品质量的特征值，具体包括以下几项指标：

1. 性能指标

性能指标是指就用途而言，产品所具有的技术特征。它反映产品功能实现的程度，决定产品的可用性，是产品最基本的一类指标。

2. 寿命和可靠性指标

产品的寿命是指产品能够按规定的功能正常工作的期限。产品的可靠性是指产品在规定的时间内和条件下，能完成规定功能的能力。

3. 安全性指标

安全性指标反映产品使用过程对使用者及周围环境安全、卫生的保证程度。

4. 经济性指标

经济性指标反映产品使用过程中所花费的经济代价的大小（包括生产率、使用成本、寿命期、总成本等）。

5. 结构合理性指标

结构合理性指标反映产品结构的合理程度。

二、质量管理

质量管理是指企业为保证和提高产品质量和工作质量所进行的质量调查、计划、组织、控制、信息反馈等各项工作的总和。服装质量管理包括设计质量管理、生产质量管理和销售质量管理。

目前服装企业大多采用进货检验、过程检验和成品检验对产品进行质量管理与控制（见图 1—6）。

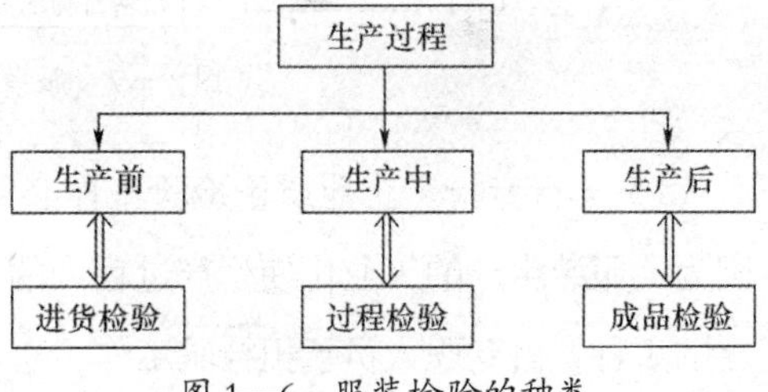

图 1—6 服装检验的种类

1. 进货检验

进货检验是对原辅料质量是否符合标准规定而进行的一种产前检验。在进货检验中，为了加强对重点材料的控制，可以采用分类检验法：对直接影响成品质量和使用寿命的重点材料（如面料、里料、有纺衬等）必须严格检验；对于一般辅料（如无纺衬、缝纫线等）可采用抽样检验的方法。

2. 过程检验

过程检验是指从进货检验之后到成品最终检验之前的全部检验和试验，习惯上称为工

序检验。实施过程检验有利于进行工序质量的控制，能够在成品加工初期和完成前及时发现并纠正不合格产品，从而避免其流入下道工序而造成浪费。

过程检验应做好以下几方面的工作：

（1）设置质量检验点

在工艺流程中的适当工序设置必要的检验点，并由专职人员负责检验前道工序是否符合规定的质量要求，从而及时控制和剔除生产的不合格产品。

（2）选择检验方式

根据实施检验的人员的不同以及检验顺序的不同等，服装质量检验可以有多种方式（见图 1—7）。科学合理地选择检验方式，不仅可以准确地控制产品质量，还可以减少检验费用。

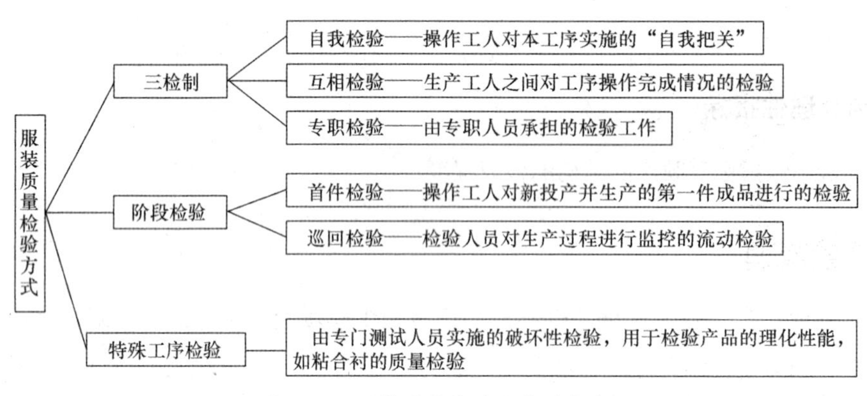

图 1—7　服装质量检验方式的分类

1）实行专检。企业质量检验工作必须由一支高素质的专业检验员队伍来完成。这是因为，服装生产的工业化使生产过程中的分工和协作更加合理，检验工作已经成为一个独立的工种，由专职人员承担检验工作，有利于操作工人集中精力生产。随着检验设备和检测手段的逐步完善，检验人员应掌握专门的检验技术和操作技能。另外，生产工序的细化使具体岗位的操作工人不可能对整个过程的质量都了解得很清楚，而专职的检验员则可以打破这种界限，对质量问题有敏锐的觉察（见图 1—8）。

2）实行自检、互检。在实际生产过程中，决定产品质量好坏的主要因素是操作工人，也就是说，好的产品是生产出来的而不是检验出来的，因此开展操作工人的自检、互检活动是很有必要的。互检的形式有多种，可以是班组长对本组工人的抽检、同工序工人之间的互检，也可以是下道工序对上道工序的检验。通常，一般工序采用以自检和互检为主、抽检为辅的检验方式。

图 1—8 实行专检

3. 成品检验

成品检验是对最终加工完成的产品质量的全面考核，是质量控制的重点。

成品检验的要求包括以下几项：

（1）成品检验是由车间专职检验人员按照检验规程的要求，对产品进行 100% 的全数检验，确保每件成品的质量全部符合规定的要求才能放行。

（2）成品检验员应及时掌握产品的质量动态，对成品存在的缺陷进行定量分析，找出质量下降的潜在因素，并及时将信息反馈给质量部门，以便该部门迅速采取措施，避免质量事故的发生。

（3）成品检验人员对产品缺陷应有记录和标志，并将其返工返修，对返工返修的产品必须再次进行检验。

三、全面质量管理

目前服装企业普遍采用的质量管理方法是全面质量管理工作法（Total Quality Management，简称 TQM）。全面质量管理的核心是以过程控制和预防为主，全员、全面、全过程管理。全面质量管理体现的要求包括防检结合、以防为主、重在提高，把管理重点从事后检验产品质量转为控制生产过程质量，从管“结果”发展到管“原因”，以下道工序为“用户”，上道工序为下道工序服务，形成一个相互协调、相互促进的有机质量管理体系。

全面质量管理的基本内容包括：

1. 市场调查

在市场调查中了解用户对产品质量的要求，获得本企业产品质量的反馈，为下一步工作指明方向。

2. 产品设计

产品设计是产品质量形成的起点，是影响产品质量的重要环节。产品设计阶段要制定产品的生产技术标准。服装产品设计质量管理包括产品设计、工艺准备、试制等内容。

在服装的款式、结构和工艺设计中，存在技术和审美两大因素。技术设计中，主要规定产品的技术标准，如服装的规格、款式、缝制工艺、成品质量、包装说明等内容，以及为了达到这些技术标准在生产过程中实施管理需要的相关技术文件。而关于服装审美性设计质量的问题还需要探讨，因服装的品种、消费者的审美趋向不同，服装审美性设计质量难以量化和定性，形成统一的标准。在现代社会中，服装以人为载体，除了体现以实用为目的的物质性一面外，更多地体现了社会性、文化性和精神性，追求个性使得消费者对服装产品拥有绝对的选择权。因而服装的审美性、结构性、功能性、合理性构成了服装设计质量新的内涵，越来越成为衡量服装设计质量水平的尺度。服装设计质量水平主要取决于企业设计人员的专业素质，同时与企业技术团队的综合素质、设备水平相关。

3. 采购

原材料、辅助材料的质量直接影响着产品的质量，因此，要从供应单位的产品质量、价格和守约能力等方面来选择供货商。对采购入库的材料进行质量检验和性能测试，做到不合格的原辅料不进仓。

4. 制造

制造过程是产品实体形成的过程，制造过程的质量管理主要通过控制影响产品质量的六大因素，即操作者的技术熟练水平、设备、原材料、操作方法、检测手段和生产环境，来保证产品质量。

5. 检验

制造过程中同时存在着检验过程。检验在生产过程中起把关和预报的作用。把关就是及时挑出不合格品，防止其流入下道工序或出厂，防止不合格品的产生；预报是将产品质量状况反馈到有关部门，作为质量决策的依据。为了让检验更好地起到把关和预报的作用，同时减少检验费用、缩短检验时间，检验过程中要正确选择检验方式和方法。

6. 销售

销售是实现产品价值，使产品成本得以补偿的重要环节。销售过程中要实事求是地向客户介绍产品的性能、用途、优点等，防止不合实际地夸大产品的质量，影响企业信誉。

7. 服务

用户对产品的使用过程实际上是考验产品实际质量的过程，它是企业内部质量管理的继续，也是全面质量管理的出发点和落脚点。企业要抓好对用户的售后服务工作，如开展咨询活动、处理出现的质量事故、调查产品使用效果和用户要求等。为用户售后服务的质量影响着产品的使用质量。

第三节 服装工业技术标准

服装标准从性质、级别、对象与作用等不同的角度和属性分类，构成了目前我国服装工业的技术标准体系。

一、标准的概念

标准是对重复性事物和概念所做的统一规定，是以科学、技术和经验的综合成果为基础，经有关方面协商一致，由主管机构批准，以特定的形式发布，作为共同遵守的准则和依据。

知识链接

标 准 编 号

标准的编号由汉语拼音字母、标准顺序号、标准发布年号构成。汉语拼音字母要用大写，顺序号是根据标准的不同级别分别由各级标准化行政主管部门负责编制，顺序号和年号之间用一字线隔开。

如国家标准代号的标准编号为：

GB/T 2660—2008 衬衫，表示衬衫产品的国家推荐性（“T”表示推荐）标准，顺序号为 2660，2008 年发布。

FZ/T 73019.2—2013 针织塑身内衣 调整型，表示调整型针织塑身内衣产品的服装行业推荐性标准，顺序号为 73019.2，2013 年发布。

二、标准的分类

为便于研究和应用，相关部门从不同的角度和属性对标准进行了分类。

1. 按标准的性质分类

按性质不同，标准可分为技术标准、管理标准和工作标准。

（1）技术标准

技术标准是针对标准化领域中需要协调统一的技术事项所制定的标准，主要用于规定事项的技术性内容。服装工业常用标准属于技术标准。

（2）管理标准

管理标准是针对标准化领域中需要协调统一的管理事项所制定的标准，主要用于规定人们在生产活动和社会生活中的组织结构、职责权限、过程方法、程序文件以及资源分配等事宜。它是合理组织国民经济，正确处理各种生产关系，正确实现合理分配，提高生产效率和效益的依据。ISO 9000 系列标准属于管理标准。

（3）工作标准

工作标准是针对标准化领域中需要协调统一的工作事项所制定的标准，主要用于规定具体岗位的人员和组织在生产经营管理活动中的职责、权限，各种过程的定性要求以及活动程序和考核评价要求。

2. 按标准的级别分类

按级别不同，标准可分为国际标准、国家标准、行业标准、企业标准及内控标准。此类标准的划分主要是以标准作用的区域范围和审批部门的权限为依据。

（1）国际标准

国际标准是由国际标准化团体通过的标准。国际标准化团体有国际标准化组织（ISO）、国际羊毛局（IWS）等。国际标准在国际交往和国际贸易中起着重要的作用。

（2）国家标准

国家标准是由国家标准化主管机构批准、发布，在全国范围内统一使用的标准。中国国家标准的代号是 GB。

（3）行业标准

行业标准是由行业标准化主管机构或行业标准化组织批准发布，在某专业范围内统一使用的标准。

（4）企业标准及内控标准

企业标准是企业或其上级有关机构批准发布的标准。内控标准是企业为了不断提高产品质量，满足用户和适应市场竞争的需要而制定和实施的标准。

企业内控标准往往比国际标准分得更细，行业标准一般比国家标准更详尽。

3. 按标准的约束性分类

国家标准和行业标准分为强制性标准和推荐性标准。保障人体健康，人身、财产安全的标准和法律及行政法规规定强制执行的标准是强制性标准。其他标准是推荐性标准。强制性标准具有法律约束力，任何单位和个人必须严格执行。不符合强制性标准的产品，禁止生产、销售和进口。

国家鼓励企业采用推荐性标准。企业执行标准过程中，无论是采用自行制定的标准，还是国家或行业的推荐性标准，一经确定，就具有了强制的性质，必须严格执行。我国目前的服装相关标准绝大多数属于推荐性标准。

强制性标准和推荐性标准的区别是：推荐性标准在汉语拼音后加“T”，中间用斜线划开。例如：

强制性标准　GB××××—××××；

推荐性标准　GB/T××××—××××。

4. 按标准化的对象和作用分类

按标准化的对象和作用不同，标准可分为基础标准、产品标准、方法标准、安全标准、卫生标准和环境保护标准。服装行业就是采用这种分类方法，常用的技术标准分为基础标准、产品标准和方法标准。

（1）基础标准

基础标准是指在一定范围内作为其他标准的基础并普遍通用，具有广泛指导意义的标准，如名词、术语、符号、代号、标志、方法等标准。基础标准是制定其他标准的前提，其水平高低不仅影响其他标准的制定，而且对整个行业的技术水平、产品质量水平等方面都有较大的影响，制定时应先行并谨慎制定。

（2）产品标准

产品标准是国家及有关部门对某一大类产品或特定产品的品种、规格、技术要求、试验方法、检验规则、包装、标志、运输和贮存等方面所做的统一规定，它是衡量产品质量的依据。如“GB/T 2660—2017 衬衫”是对衬衫大类产品所做的统一规定。

（3）方法标准

方法标准是以试验、检查、分析、抽样、统计、计算、测定、作业等各种方法为对象而制定的标准。如“FZ/T 80004—2014 服装成品出厂检验规则”。

三、我国服装工业技术标准体系

由我国国家标准化行政主管部门和相关行业标准主管部门批准发布的现行服装工业常用的国家标准、行业标准分为服装综合、服装产品、针织服装综合、针织服装产品和进出口服装产品五部分内容，本书重点介绍前四部分内容。

1. 服装综合

GB/T 1335.1—2008　服装号型　男子

GB/T 1335.2—2008　服装号型　女子

GB/T 1335.3—2009　服装号型　儿童

GB/T 2667—2008　衬衫规格

GB/T 2668—2017　单服、套装规格

GB/T 5296.4—2012　消费品使用说明　第 4 部分：纺织品和服装

GB/T 8628—2013　纺织品　测定尺寸变化的试验中织物试样的准备、标记及测量

GB/T 8685—2008　纺织品　维护标签规范　符号法

GB/T 14304—2008　毛呢套装规格

GB/T 15557—2008　服装术语

GB/T 16160—2017　服装用人体测量的尺寸定义与方法

GB 18401—2010　国家纺织产品基本安全技术规范

GB/T 21294—2014　服装理化性能的检验方法

GB/T 21295—2014　服装理化性能的技术要求

GB/T 21980—2017　专业运动服装和防护用品通用技术规范

GB/T 22042—2008　服装　防静电性能表面电阻率试验方法

GB/T 22043—2008　服装　防静电性能　通过材料的电阻（垂直电阻）试验方法

GB/T 22044—2017　婴幼儿服装用人体测量的尺寸定义与方法

GB/T 22701—2008　职业服装检验规则

GB/T 22702—2008 儿童上衣拉带安全规格

GB/T 22704—2008 提高机械安全性的儿童服装设计和生产实施规范

GB/T 22705—2008 童装绳索和拉带安全要求

GB/T 23155—2008 进出口儿童服装绳带安全要求及测试方法

GB/T 23158—2008 进出口婴幼儿睡袋安全要求及测试方法

GB/T 23159—2008 进出口婴幼儿学步带安全要求及测试方法

GB/T 23316—2009 工作服 防静电性能的要求及试验方法

GB/T 23317—2009 涂层服装抗湿技术要求

GB/T 23330—2009 服装 防雨性能要求

GB/T 23559—2009 服装名称代码编制规范

GB/T 23560—2009 服装分类代码

GB/T 24280—2009 纺织品 维护标签上维护符号选择指南

GB/T 28465—2012 服装衬布检验规则

GB/T 29862—2013 纺织品 纤维含量的标识

GB/T 29863—2013 服装制图

FZ/T 80002—2016 服装标志、包装、运输和贮存

FZ/T 80004—2014 服装成品出厂检验规则

FZ/T 80010—2016 服装用人体头围测量方法与帽子规格代号标示

FZ/T 80011.1—2009 服装 CAD 电子数据交换格式 第 1 部分：版样数据

FZ/T 80011.2—2009 服装 CAD 电子数据交换格式 第 2 部分：排料数据

FZ/T 80012—2012 洁净室服装 点对点电阻检测方法

FZ/T 80013—2012 洁净室服装 易脱落大微粒检测方法

FZ/T 80015—2012 服装 CAD 技术规范

2. 服装产品

GB/T 2660—2017 衬衫

GB/T 2662—2017 棉服装

GB/T 2664—2017 男西服、大衣

GB/T 2665—2017 女西服、大衣

GB/T 2666—2017 西裤

GB/T 14272—2011 羽绒服装

GB/T 18132—2016 丝绸服装

GB/T 22700—2016　水洗整理服装

GB/T 22703—2008　旗袍

GB/T 22925—2009　纳米技术处理服装

GB/T 23314—2009　领带

GB/T 23328—2009　机织学生服

GB/T 24278—2009　摩托车手防护服装

GB/T 28408—2012　防护服装　防虫防护服

GB/T 28895—2012　防护服装　抗油易去污防静电防护服

GB/T 29511—2013　防护服装　固体颗粒物化学防护服

FZ/T 24011—2010　羊绒机织围巾、披肩

FZ/T 43014—2008　丝绸围巾

FZ/T 62017—2009　毛巾浴衣

FZ/T 80014—2012　洁净室服装　通用技术规范

FZ/T 81001—2016　睡衣套

FZ/T 81004—2012　连衣裙、裙套

FZ/T 81006—2017　牛仔服装

FZ/T 81007—2012　单、夹服装

FZ/T 81008—2011　茄克衫

FZ/T 81009—2014　人造毛皮服装

FZ/T 81010—2009　风衣

　　FZ/T 81010—2009/XG1—2011　《风衣》国家标准第 1 号修改单

FZ/T 81012—2016　机织围巾、披肩

FZ/T 81013—2016　宠物狗服装

FZ/T 81014—2016　婴幼儿服装

FZ/T 81015—2016　婚纱和礼服

FZ/T 81016—2016　莨绸服装

FZ/T 82002—2016　缝制帽

3. 针织服装综合

GB/T 4856—1993　针棉织品包装

GB/T 6411—2008　针织内衣规格尺寸系列

GB/T 24117—2009　针织物　疵点的描述　术语

GB/T 29867—2013 纺织品 针织物 结构表示方法
GB/T 29868—2013 运动防护用品 针织类基本技术要求
GB/T 29869—2013 针织专业运动服装通用技术要求
FZ/T 24020—2013 毛针织服装面料
FZ/T 43004—2013 桑蚕丝纬编针织绸
FZ/T 43029—2014 高弹桑蚕丝针织绸
FZ/T 64032—2012 纬编针织粘合衬
FZ/T 70008—2012 毛针织物编织密度系数试验方法
FZ/T 70011—2006 针织保暖内衣标志
FZ/T 70012—2016 一次成型束身无缝内衣号型
FZ/T 70013—2010 天然彩色棉针织制品标志
FZ/T 70014—2012 针织T恤衫规格尺寸系列
FZ/T 72014—2012 针织色织提花天鹅绒面料
FZ/T 72015—2012 液氨整理针织面料
FZ/T 72016—2012 针织复合服用面料
FZ/T 72017—2013 针织呢绒面料

4. 针织服装产品

GB/T 8878—2014 棉针织内衣
GB/T 22583—2009 防辐射针织品
GB/T 22849—2014 针织T恤衫
GB/T 22853—2009 针织运动服
GB/T 22854—2009 针织学生服
FZ/T 24012—2010 拒水、拒油、抗污羊绒针织品
FZ/T 24013—2010 耐久型抗静电羊绒针织品
FZ/T 43015—2011 桑蚕丝针织服装
FZ/T 73001—2016 袜子
FZ/T 73002—2016 针织帽
FZ/T 73005—2012 低含毛混纺及仿毛针织品
FZ/T 73006—1995 腈纶针织内衣
FZ/T 73009—2009 羊绒针织品
FZ/T 73010—2016 针织工艺衫

FZ/T 73011—2013　针织腹带

FZ/T 73012—2017　文胸

FZ/T 73013—2017　针织泳装

FZ/T 73014—2017　粗梳牦牛绒针织品

FZ/T 73015—2009　亚麻针织品

FZ/T 73016—2013　针织保暖内衣　絮片型

FZ/T 73017—2014　针织家居服

FZ/T 73018—2012　毛针织品

FZ/T 73019.1—2017　针织塑身内衣　弹力型

FZ/T 73019.2—2013　针织塑身内衣　调整型

FZ/T 73020—2012　针织休闲服装

FZ/T 73022—2012　针织保暖内衣

FZ/T 73023—2006　抗菌针织品

FZ/T 73024—2014　化纤针织内衣

FZ/T 73025—2013　婴幼儿针织服饰

FZ/T 73026—2014　针织裙、裙套

FZ/T 73027—2016　针织经编花边

FZ/T 73028—2017　针织人造革服装

FZ/T 73029—2009　针织裤

　　FZ/T 73029—2009/XG1—2011　《针织裤》第 1 号修改单

FZ/T 73030—2009　针织袜套

FZ/T 73031—2009　压力袜

FZ/T 73032—2009　针织牛仔服装

FZ/T 73033—2009　大豆蛋白复合纤维针织内衣

FZ/T 73034—2009　半精纺毛针织品

FZ/T 73035—2010　针织彩棉内衣

FZ/T 73036—2010　吸湿发热针织内衣

FZ/T 73037—2010　针织运动袜

FZ/T 73045—2013　针织儿童服装

FZ/T 73047—2013　针织民用手套

FZ/T 73048—2013　针织五趾袜

PZ/T 74001—2013　纺织品　针织运动护具

第四节 我国服装产品标准的主要内容

服装产品标准是针对某一类服装产品制定的标准，是为了保证产品的适用性，对产品必须达到的某些或全部要求所做的规定。目前，我国的服装产品标准相对比较健全，共性的内容包括范围、引用标准、技术要求、检验（测试）方法、检验规则以及标志、包装、运输、贮存等。

国家标准是一个原则性、普遍性的标准。服装款式多变，品种和工艺多样，在实际操作中，国家标准还有一定局限。企业需要根据自己的主要产品类别和老客户的检验标准，制定自己产品品质的内控标准。内控标准一般比国家标准或行业标准更为细致和详尽，更能反映企业的产品特色。企业内控标准的格式和内容可根据企业产品的特点和经常性客户的检验标准来制定。

一、我国服装产品标准的具体内容（以“GB/T 2660—2017 衬衫”标准为例介绍）

1. 范围

范围是指说明标准规定的技术特征和适用范围。

如“GB/T 2660—2017 衬衫”的范围表述是：本标准规定了衬衫的要求、检验方法、检验规则以及标志、包装、运输和贮存。本标准适用于以纺织机织物为主要原料生产的衬衫，不包括有填充物的衬衫。本标准不适用于年龄在 36 个月及以下的婴幼儿产品。

2. 引用标准

引用标准介绍了该标准所引用的相关标准。凡是注日期的引用文件，其随后的修改版不适合于本标准；凡是不注日期的引用文件，其最新版本适用于本标准。引用标准一般属于基础标准，如“服装号型”“消费品使用说明”“服装标志、包装、运输和贮存”等。

3. 技术要求

（1）使用说明

成品使用说明按 GB/T 5296.4 和 GB 31701 规定。

（2）号型规格

号型设置按 GB/T 1335（所有部分）规定。

主要部位规格按 GB/T 2667 规定或按 GB/T 1335（所有部分）有关规定自行设计。

（3）原材料要求

面料：按有关纺织面料标准选用达到本标准质量要求的面料。

里料：采用与所用面料相适宜并符合本标准质量要求的里料。

辅料：包括衬布、缝线和纽扣等的具体要求。

（4）经纬纱向技术规定

前身底边不倒翘，并对服装后身、袖子纱线歪斜的允许程度做出了详细的规定。

（5）对条对格规定

面料有明显条格 1 cm 以上的，需按标准中所列要求对条对格。

倒顺绒原料，全身顺向一致。

特殊图案以主图为准，全身图案或顺向一致。

（6）色差允许程度

领面、过肩、口袋、明门襟、袖头面与大身色差高于 4 级，其他部位色差不低于 4 级。

（7）外观疵点规定

外观疵点规定包括疵点名称、各部位允许存在的程度，并附有成品部位划分图。

（8）缝制要求

缝制要求包括针距密度、各部位缝制线路等缝纫质量要求。

（9）成品主要部位规格尺寸允许偏差

成品主要部位规格允许偏差测量领大、衣长、长袖长、短袖长、胸围、总肩宽等 6 个主要部位。

（10）整烫要求

整烫要求包括各部位整烫、折叠等要求。

（11）理化性能

标准对成品洗涤后的尺寸变化率、主要部位起皱差指标、色牢度、主要部位缝子纰裂程度、面料撕破强力、甲醛含量、pH 值、异味、可分解致癌芳香胺染料、纤维含量等进行了详细规定。

（12）儿童服装安全性能

36个月以上至14岁儿童穿着的衬衫还应符合GB 31701的规定。

4. 检验方法

（1）检验工具

检验工具包括检验使用的钢卷尺、评定变色用灰色样卡、衬衫外观疵点标准样照和外观缝制起皱五级标准样照等。

（2）成品规格测定

成品规格测定规定了成品主要部位规格、测量方法的图表。

（3）外观测定

外观测定对成品的经纬纱向、色差程度、外观疵点、针距密度的测定方法做出了规定。

（4）理化性能测定

理化性能测定规定了成品水洗后的尺寸变化率、洗涤后外观质量的测试方法、色牢度、主要部位缝子纰裂程度、撕破强力、残留金属针或金属锐利物、儿童服装安全性能等主要性能的测定方法。

5. 检验规则

检验规则对检验分类、外观质量等级和缺陷划分规则、抽样规定、判定规则等做出了规定。

6. 标志、包装、运输和贮存

成品标志、包装、运输和贮存按FZ/T 80002执行。

二、企业内控标准的具体内容（以某企业衬衫、西裤为例介绍）

为方便管理，企业在内控标准中，可对疵病形态、允许偏差范围及判定方法进行规定，做到有章可循、有据可查，便于有效评估产品质量。为便于操作，一般将影响服装使用性能和销售质量的严重疵病列出。

1. 衬衫的内控标准

某企业衬衫的内控标准具体见表1—1。

表 1—1　某企业衬衫的内控标准

序号	部位	具体内容
1	外观	（1）任何形式、任何尺寸的破损 （2）任何部位、任何形式的污渍 （3）可见的面料疵病 （4）衣片色差 （5）烫黄或者极光，整烫不足 （6）主要部位的线头 （7）条格歪斜或丝绺不直
2	标记	（1）漏缝标记 （2）标记字迹不清晰 （3）标记内容错误 （4）标记位置错误 （5）标记车缝不牢固 （6）错码 （7）标记应居中而未居中，偏差超过 1 cm （8）标记明显歪斜 （9）标记应配色而未配色 （10）缝线未配色 （11）底线暴露 （12）明显的标记车缝粗糙
3	缝合与缝线	（1）缝型不符合要求或不符合确认样 （2）缝线及其颜色不符合要求或不符合确认样 （3）针距不符合要求 （4）跳针或漏针 （5）断线或开缝 （6）缝合不当致使面料起皱或起褶 （7）线迹明显歪扭 （8）任何毛边 （9）包缝明显粗糙
4	衣领	（1）明显的污渍或疵病 （2）领面起皱、起泡或脱胶 （3）领面渗胶 （4）领面颜色与大身不符（因为粘合衬使领面变色） （5）领面明显不服帖，松紧不适宜，反翘 （6）领尖呈球形 （7）左右领尖条格不对称，偏差大于 0.5 cm （8）左右领尖高低不对称，偏差大于 0.3 cm （9）领豁口重叠，重叠量大于 0.5 cm （10）领窝明显不平服 （11）底领外露 （12）扣子不居中，偏差超过 0.3 cm （13）左右领大小不一致，偏差超过 0.3 cm
5	门襟	（1）任何的污渍和可见疵病 （2）门襟明显不平服，不顺直 （3）未对条对格，偏差大于 0.2 cm （4）门里襟长短不一致，差异大于 0.3 cm

续表

序号	部位	具体内容
6	肩	(1)左右肩不对称，偏差大于0.4 cm (2)肩部不平服
7	胸袋	(1)左右胸袋高度不一致或不对称，偏差超过0.3 cm (2)可见的胸袋歪斜，明显的形状不良，止口宽窄不一致 (3)定位孔暴露 (4)袋口没有加强缝 (5)胸袋与大身不对条或不对格，偏差大于0.2 cm (6)胸袋丝绺与大身丝绺不平行
8	袖	(1)左右袖口尺寸不一致，偏差超过0.3 cm (2)左右袖长尺寸不一致，偏差超过1 cm (3)左右袖衩长短不一致，偏差超过0.5 cm (4)左右袖衩宽度不一致，偏差超过0.3 cm (5)袖底十字缝未对齐，偏差大于0.4 cm (6)明显的袖窿不平服，起皱 (7)左右袖条格不对称，偏差大于0.5 cm (8)明显的袖褶位置不准确
9	纽扣和扣眼	(1)纽扣脱损 (2)纽扣脱落或脱线 (3)扣眼起毛 (4)锁眼漏针、断线 (5)纽扣与扣眼相互位置错误，使门襟或袖衩不平服
10	尺寸允许偏差	(1)领围：±1 cm (2)胸围：±1 cm (3)衣长：±1 cm (4)肩宽：±0.5 cm (5)袖窿：±1 cm (6)袖长：±0.7 cm

2. 裤子的内控标准

某企业裤子的内控标准具体见表1—2。

表1—2　某企业裤子的内控标准

序号	部位	具体内容
1	腰头	(1)腰头明显不平服 (2)腰头明显不平整 (3)裤串带高度不一致，偏差大于0.3 cm (4)裤串带左右不对称，偏差大于1 cm (5)裤串带不牢固 (6)腰头纽扣或揿扣偏离扣眼或底扣，明显影响外观
2	门襟	(1)门襟明显不平服 (2)门襟渗胶、起皱或脱胶 (3)拉链明显不平服

续表

序号	部位	具体内容
3	侧袋	（1）袋口未封结 （2）袋布破洞 （3）袋口明显不平服 （4）左右袋位高度不一致，偏差超过 0.5 cm
4	后袋	（1）嵌线袋袋口明显宽窄不一致 （2）左右袋高度不一致，偏差超过 0.4 cm （3）贴袋明显形状不良或歪斜 （4）袋盖尺寸与口袋不符 （5）袋口不对扣眼
5	挺缝线	（1）挺缝线明显歪斜 （2）面料丝绺与挺缝线不平行
6	省	（1）省左右位置不准确 （2）省明显歪斜 （3）省尖明显起泡
7	对条对格	接合部位或对称部位不对条格
8	尺寸允许偏差	（1）腰围：±1 cm （2）臀围：±1.5 cm （3）内长：±1 cm

思考与练习

1. 服装生产有哪几种方式？

2. 通过查阅资料和企业调研，叙述男衬衫的生产加工过程。

3. 简述质量、质量管理的基本概念。

4. 简述全面质量管理的工作方法。

5. 我国现行服装工业常用的国家标准、行业标准可分为几部分内容？各部分内容具体由哪些标准构成？

第二章

服装产前质量管理

服装质量管理是为保证服装质量而实施的质量控制活动。在正式生产服装之前，服装企业必须做好充分准备，如面辅料的质量管理、产前样品的试制和封样、工艺技术文件管理以及样板的审核与管理等，从源头上确保整个生产任务的顺利进行。

学习目标

1. 掌握服装产前面辅料质量管理的主要内容，能够识别面料检验时的常见疵点。

2. 掌握样衣制作的基本流程和样衣检验的方法，能够归纳样衣检验的主要质量标准。

3. 掌握工艺技术文件的构成，学会编制典型产品的样衣工艺单。

4. 能够描述一套完整样板的生成过程，能够归纳样板复核的基本内容。

第一节　服装面辅料质量管理

面辅料作为服装生产的物质基础，在服装质量管理中占有重要的地位。面辅料的质量直接影响着大货的质量和进度，对于订单的总体质量和效益具有重大的意义。服装面辅料的质量管理包括对使用的面辅料进行数量复核、品质检验及重要性能的测试等，以便在生产过程中采取相应的工艺手段和技术措施合理利用材料、提高产品质量。

一、服装面料质量管理

服装面料进厂后，首先应检查面料出厂标签上的品名、色泽、数量与购货清单是否相符，检查两头印章、标记是否完整；然后对面料的数量、规格进行测量检查；最后，需要对服装面料进行质量检验。服装面料的各项物理化学性能与服装纸样设计、样衣试制、加工工艺以及成品外观等方面均有很大关系。在绘制样板、制定技术文件之前必须检验服装面料外观质量，并对服装面料性能进行测试，确保制成的服装成品不仅符合订单要求，而且能够达到预期的品质。

1. 服装面料复核

服装面料复核主要是对服装面料的数量、幅宽进行测量检查。

（1）数量复核

服装面料的数量复核可以在验布机上进行，如图2—1所示，利用验布机记录下每卷布的实际码数（1 yd等于0.914 4 m），将所得长度与布卷标签上的长度进行对比。

如果是折叠包装的材料，可以测量折叠层的长度，至少在不同的位置测量3次，计算其平均值，折叠包装的面料长度=折叠层长度（3次平均值）×层数×2。按重量计算的针织面料，其数量用过秤复核的方式进行复核。

一般情况下，面料数量的允许偏差范围为-2%～2%。

（2）核对幅宽

幅宽直接影响服装生产中的排料工作，是服装面料复核的一个重要检验项目。在检验面料的幅宽时，每匹面料应测量3次，即布头、中间和布尾各一次，测量能被使用部分的幅宽作为有效幅宽。生产企业在订购面料时，可以要求面料供应商按有效幅宽供货。

图 2—1　在验布机上验布

知识链接

对纬向弹力面料，由于其布幅的不稳定性，进行三次测量更为重要。如果发现幅宽异常，检验时就需要增加测量次数。

生产企业在订购面料时，可以给出幅宽的上、下限，例如 145 ～ 147 cm（57 ～ 58 in）（1 in =2.54 cm）、109 ～ 112 cm（43 ～ 44 in）等，大货的实际幅宽应该在此范围内。如果面料的幅宽小于订购幅宽，原则上可以认为该布匹不合格。如果面料的幅宽大于订购幅宽，对机织面料，宽 2.5 cm（约为 1 in）以上为不合格；对机织弹性面料，宽 5 cm（约为 2 in）以上为不合格；对针织面料，宽 5 cm（约为 2 in）以上为不合格；对针织弹性面料，宽 7.5 cm（约为 3 in）以上为不合格。

2. 服装面料质量检验

服装面料的质量检验包括外观质量检验和内在质量检验两大方面。面料的外观质量检验主要包括面料的疵点、色差以及纬斜检验。面料的内在质量检验主要包括缩率、色牢度和克重三项测试内容。表 2—1 为某服装加工企业面料测试申请单。

（1）疵点检验

面料疵点是在纺、织、染等过程中形成的。面料疵点的检验依据有关操作规程和标准进行，并要求做好相关记录（通常抽检量和抽检方法由客户决定，有的客户会提出全数检验的要求，这种情况一般在面料出现比较严重问题时发生）。

表 2—1　某服装加工企业面料测试申请单

编号：　　　　　　　　　　　　　　　　　　　　　　　　　　　　年　月　日

申请部门	常州 ×× 服饰有限公司	测试类型	□性能测试　□质量检测
样品名称及货号	色织布	生产厂家	
色号		缸号	
样品数量	种　件　米　筒	来样情况	□小样　□中样　□大货样
样品规格及工艺说明（厂家提供）	材料成分：97% 棉，3% 莱卡 规格尺寸：168×76/60×60+30D		
检验依据	常州 ×× 服饰有限公司原材料标准总体要求		
检验项目及要求说明： 外观性能　□外观评定　□疵点 织物结构　□幅宽　□纱线密度　□克重　□纬斜　□色差 坚牢度　□顶破　□弹性伸长率　□手拉开度　□纱线滑移　□疲劳性 洗涤变化　□水洗尺寸变化　□洗后外观　□扭度 色牢度　□摩擦（干 / 湿）□水洗　□皂洗　□汗渍 服用性能　□抗起毛起球　□抗钩丝 生态性能　□甲醛　□pH 值 色差　□评定色差　□评定颜色			
其他检验项目说明及要求（如有特别要求，请在此说明）：			
报告日期	/　/　/	报告份数	份
申请人		经办人	

疵点检验过程：将样布放在验布机上，控制好速度，利用验布机中面料退解和再卷绕装置，在提供的充足光源下进行布面外观质量检验工作。验布过程中，依靠目力观察，发现布面疵点，随即做出记号，以便铺料划样时断料剪裁。

知识链接

一、面料疵点类型及其形成原因

1. 由纱疵形成的面料疵点

由于原料的品质不良而形成的疵点称为由纱疵形成的面料疵点。

（1）粗节纱：在织物表面出现某一根纱线的某一段较粗，其直径数倍于正常纱线。连续的粗节纱称为竹节纱。

（2）偏细纱：在织物上有一根或数根纱线明显比其他正常纱线细。

（3）扭结纱：织物上的纱线有扭结或卷曲的外观。

（4）毛丝：在织物上某些部位纤维突出或呈茸毛状外观。

（5）亮丝：织物上某一根纱线的光泽明显亮于其他纱线。

（6）结头：织物的表面出现明显的纱线结头。

（7）污渍纱：织物上的纱线带有油污或其他污渍。

（8）杂物织入：有回丝、异色纤维等杂物织入面料。

（9）条干不匀：由于采用了条干不匀的纱线，面布呈现分散性的纱线不匀外观。

2. 经向疵点

经向疵点是指加工经纱形成的疵点或在织造中产生的经向疵点。

（1）直条痕：织物的经向有一根或几根纱线异于临近的正常纱线，在布面有明显的直条状外观。

（2）浮经：布面上的某根经纱呈松弛或起皱的外观。

（3）吊经：织物上一根或几根经纱的张力过大，致使这些经纱被不正常拉紧。

（4）粗经：织物上的某根经线明显粗于其他正常经线。

（5）缺纱：由于织造时断经而未及时处理，布面上通匹或一段长度内缺少一根经纱。

（6）双经：两根经纱并列或重叠，织物的组织被破坏。

（7）筘痕：在织物的幅宽方向呈现局部或全部经纱排列不匀的纹路。

3. 纬向疵点

纬向疵点是指加工纬纱形成的疵点或在织造加工中形成的纬向疵点。

（1）纬档：织物纬向呈现的横档，明显不同于正常织物的外观。

（2）稀密路：横档的一种。某一段密度过大，或某一段密度过小。

（3）粗纬：织物上的某根纬纱明显粗于其他正常纬纱。

（4）松纬：某根纬纱的张力小于相邻纬纱，呈松弛或起皱的外观。

（5）紧纬：某根纬纱的张力大于相邻纬纱，使其不正常被拉紧，屈曲小。

（6）断纬：纬纱断裂或断纱。

（7）双纬：两根纬纱并列或重叠，改变了织物的外观。

（8）折痕：一根或部分纬纱明显不同于相邻纬纱，可能是组织错误或其他错误。

4. 边部疵点

边部疵点是指在布边或者距布边一定距离内的疵点。

（1）松边：布边在长度方向上比布身松弛，边部呈现波浪形。

（2）紧边：布边在长度方向上比布身紧缩，布边内凹。

（3）破边：布边上相邻两根或两根以上的经纱断裂。

（4）烂边：布边上多根纬纱断裂，布边凹凸不平。

（5）荷叶边：布边边缘呈波浪状。

（6）卷边：织物的边部卷起呈绳状。

（7）边撑疵：边部纱线被擦伤起毛或断裂，有小洞，织物变形。

（8）毛卷边：织物的纬纱呈卷状并在布边外。

5. 染色疵点

（1）渗色：染色时，染料渗至周围部分。

（2）褶皱色条：染整时织物有折叠，结果在折叠处产生了颜色不匀的经向条痕。

（3）染料迹：由于染料过浓或助剂的作用，匹染织物的局部颜色呈现与临近部位有差异的分散色块痕迹。

（4）晕疵：染色织物上某些部位呈现较浅的颜色。

（5）水渍：织物有水印痕迹。

（6）斑点：纤维之间的吸色有差异，使染色织物的局部有颜色斑点。

（7）经向条花：染色织物经向呈现不规则的条状轻微色差。

（8）夹花：由于纤维的吸色差异，织物上形成色泽差异。

（9）前后色差：一匹织物的前后两端颜色有差异。

（10）布边色差：布身和布边的颜色有差异。

（11）左右色差：沿织物的幅宽方向一边与另一边的颜色有差异。

（12）经向条痕：由于织入了一根或多根其他性质的纤维或纱线，纤维或纱线吸色不同，导致染色织物表面出现单根或多根经纱异色、错色。

6. 印花疵点

印花疵点是指在印花过程中产生的疵点。

（1）脱浆：印花织物上部分花纹缺色。

（2）拖浆：色浆沾在印花织物的花型以外部分。

（3）刮刀条花：印花织物表面有多余色浆或形成经向条痕。

（4）色档：织物上有深浅不一的色档。

（5）对花不准：印花织物上花纹的相对位置彼此不准确。

（6）渗化：前后套色浆相接不准确，或相邻两种颜色在分界处渗化，致使印花织物部分图案模糊或呈现第三种颜色。

（7）未上色褶皱：印花织物呈现未上色的狭长条。

（8）衬布印：衬布上有颜色深浅不一的印痕。

7. 一般性疵点

一般性疵点是指在各种加工的织物中都可能出现的疵点。

（1）跳纱或跳花：经纬纱不按组织规律交织，呈现出不规则的浮纱。1～2根经（纬）

纱跳过5根及以上纬（经）纱，称为跳纱。经纬各3根形成浮纱，称为跳花。

（2）纬移：纬纱呈现不规则的偏移。

（3）破洞：经纬纱断裂形成的孔洞。

（4）污迹：织物沾有油、土等。

（5）局部纬密不匀：织物某些部位的纬密或大或小，致使出现不规则的横档。

（6）死折痕：不能除去的整理折痕。

二、面料检验常见疵点（见图2—2）(见彩图1)

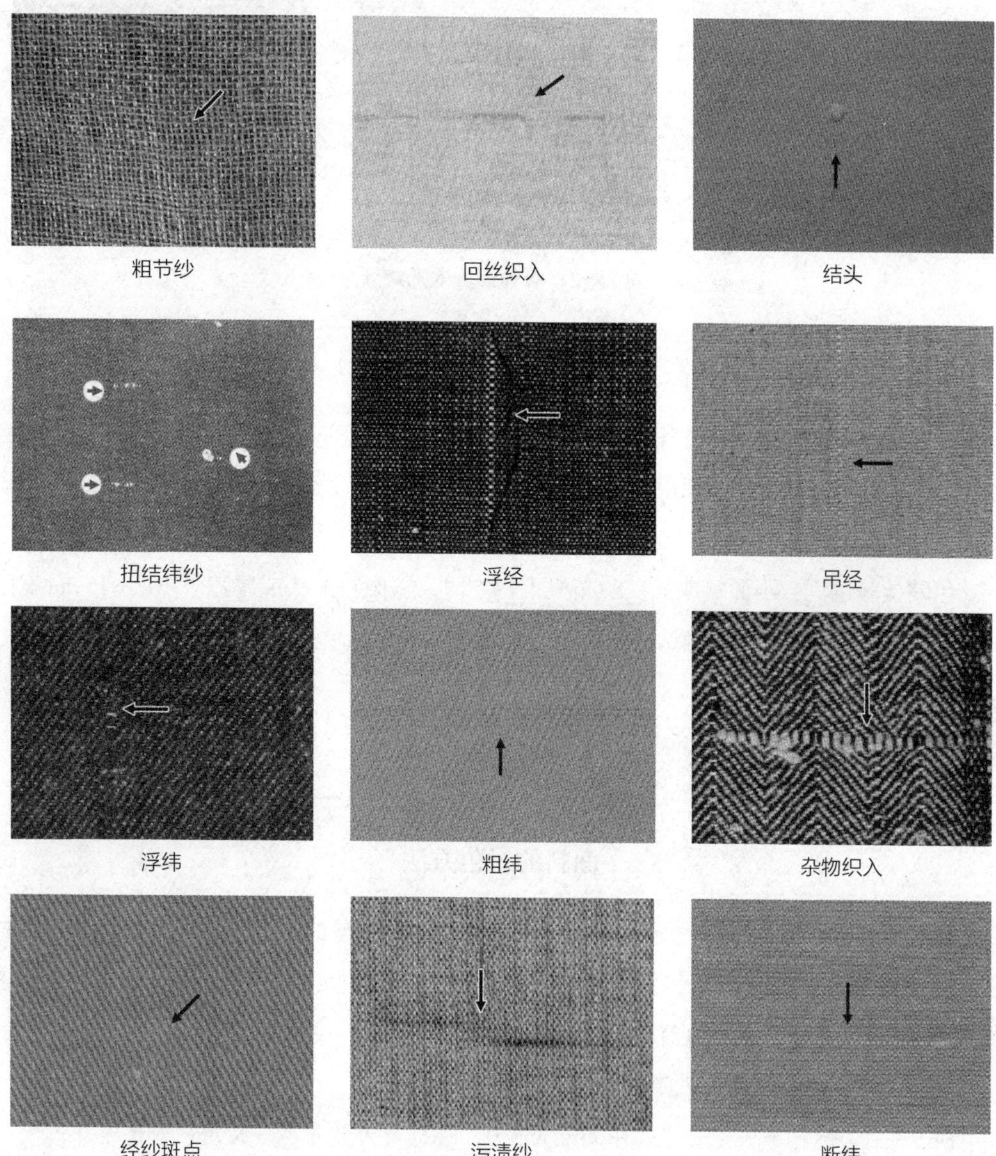

粗节纱　回丝织入　结头

扭结纬纱　浮经　吊经

浮纬　粗纬　杂物织入

经纱斑点　污渍纱　断纬

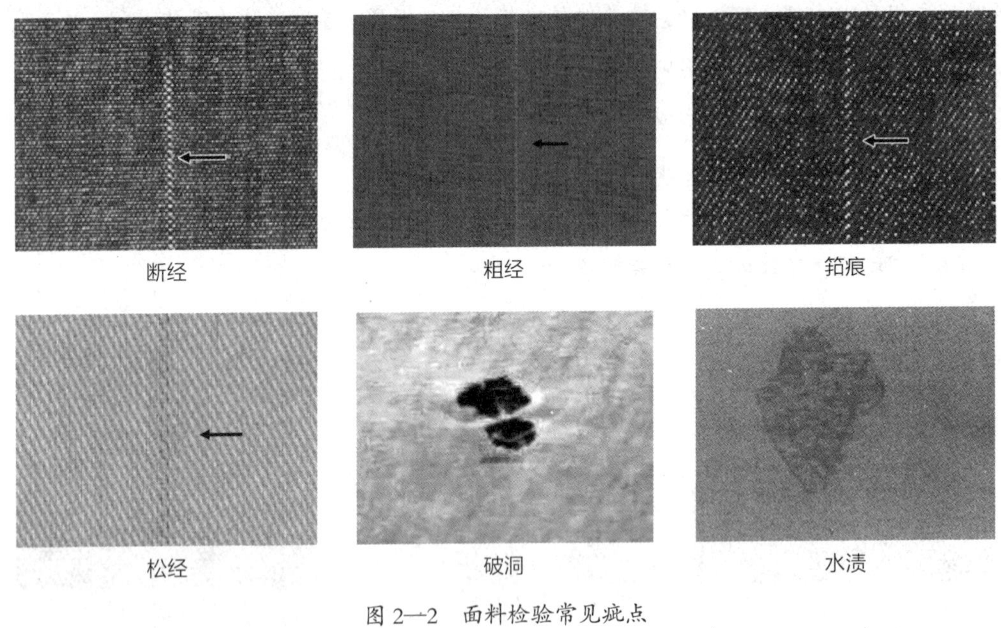

图 2—2 面料检验常见疵点

（2）色差检验

坯布在印染加工过程中，各匹面料之间的颜色会有一定的差异，即使是同匹面料间也会存在一定的颜色差异。如果使用色差严重的面料做成服装，那么服装整体外观的色泽会出现差别。

色差检验过程：当面料成品在验布机上打卷时，从面料的头或尾裁下 10 ～ 15 cm 宽的布条，将布条和最初的面料确认样在特定的光源环境下比较，从而区分每卷布的颜色差别。

知识链接

面料的对色方法

进行面料颜色差异的比对时，如果标准样、比较样所处的光源、环境、时间不同，色差的评价结果也不同。为此，企业使用提供标准、客观光度的标准光源对色灯箱（见图 2—3），用于准确校对面料的颜色。

对色灯箱中提供的标准光源有：

D65——国际标准人造日光（平均北窗光），这也是大部分客户指定的对色光源；

TL84——三基色荧光灯，欧洲、日本商店光源，欧洲及日本客户通常使用；

CWF——冷白光，美国商店或办公用光源，美国客户常使用此光源；

UV——紫外光，用于检测面料上的增白剂或荧光性染料；

A——夕阳光源，系参考光源。

在面料样板的对色过程中，通常会出现“跳灯”现象。即如果标准样A和比较样B在光源1中基本相似，换一个光源2，标准样A和比较样B的色光出现较大差异，这就定义为“跳灯”。因此客户通常会提出两种光源——主光源和副光源，并且要求在这两种光源下，标准样和比较样不发生变色情况。

有时，应外商的要求，面料生产企业在评定色差时会采用电脑测配色（见图2—4）系统。电脑测配色系统的优势在于可以科学地表述颜色的性质，客观地度量色差，同时还能有效地提高打样的速度、节约成本。

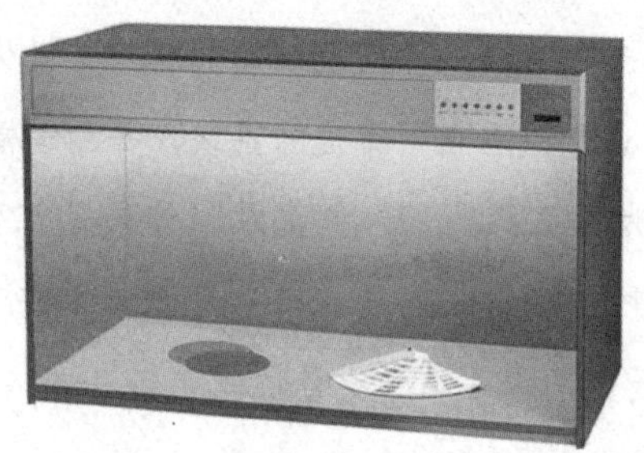

图2—3　标准光源对色灯箱

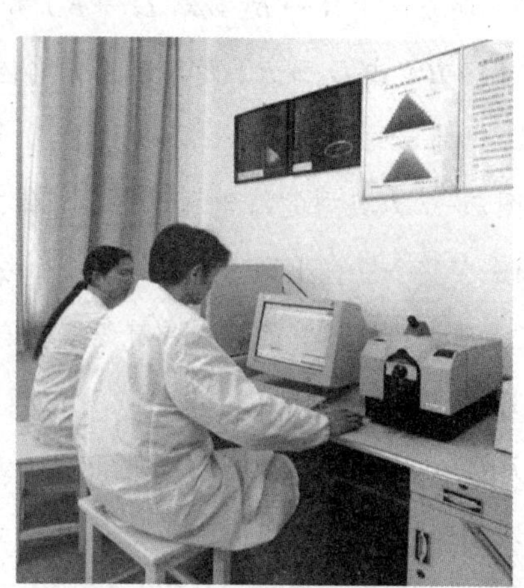

图2—4　电脑测配色

（3）纬斜、纬弯检验

纬斜与纬弯是指因经纱与纬纱不呈垂直状态而影响面料外观质量的疵病。纬斜一般指纬纱呈直线状歪斜（见图2—5），纬弯指纬纱呈弧状歪斜。纬斜与纬弯会使面料产生条格的歪斜和纹样的歪斜。从服装加工的要求来说，条格面料的纬斜或纬弯应小于2%，无格面料的纬斜或纬弯应小于2.5%。大于3%的纬斜或纬弯，视为不合格品。

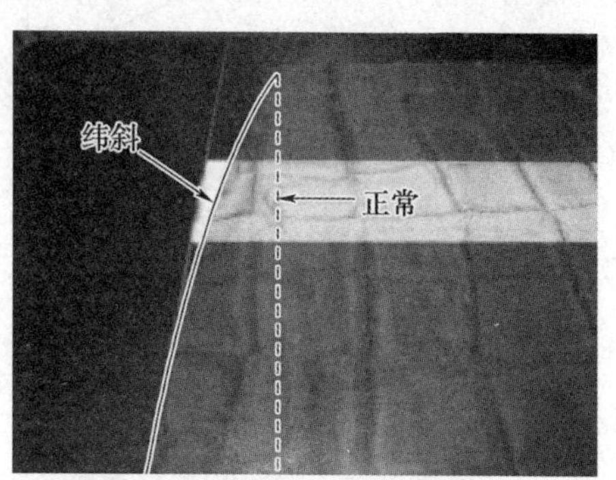

图2—5　面料纬斜

知识链接

一、纬斜的测量

图 2—6 为典型的纬斜示意图，*AC* 或者 *DC* 为发生纬斜的纬纱或针织横列，它偏离了垂直于布边的直线 *BC*。

1. 在试样整个幅宽上画出一根纬纱或针织横列的标志，如图 2—6 中的 *AC* 或 *DC*。对有纬向条格或有纬向色纱的面料，则不必画出此标志，因为可以清楚地看出纬纱的倾斜状况。

2. 从 *C* 点出发，画垂直于布边的直线，与面料的另一边相交于 *B* 点。

3. 测量图中 $A \rightarrow B$（或者 $D \rightarrow B$）和 $B \rightarrow C$ 的距离，并记录。对于同一匹（卷）面料，测量 $A \rightarrow B$（或 $D \rightarrow B$）距离时，方向应始终一致，即"*S*"向或者"*Z*"向。

二、纬弯的测量

图 2—7 为典型的纬弯示意图，纬纱或针织横列偏离垂直于布边的直线呈弧状。

1. 在整个幅宽上画出一根纬纱或针织横列的标志，有明显纬向色纱的面料不必做标志。

2. 通过已做标志的纬纱或针织横列与布边的交点，做垂直于布边的直线，并测量幅宽。

3. 测量垂线与已标志纬纱或针织横列间的最大垂直距离 *D*，并记录。如果是双弓纬、双钩弓纬和双反弓纬，则两个距离都要测量和记录。每个布匹或者布卷可测量 1 ～ 3 处，且每次测量沿长度方向的间距应尽可能大，每处至少间隔 1 m。测量位置离匹头或者布卷的布头、布尾的距离也应大于 1 m。

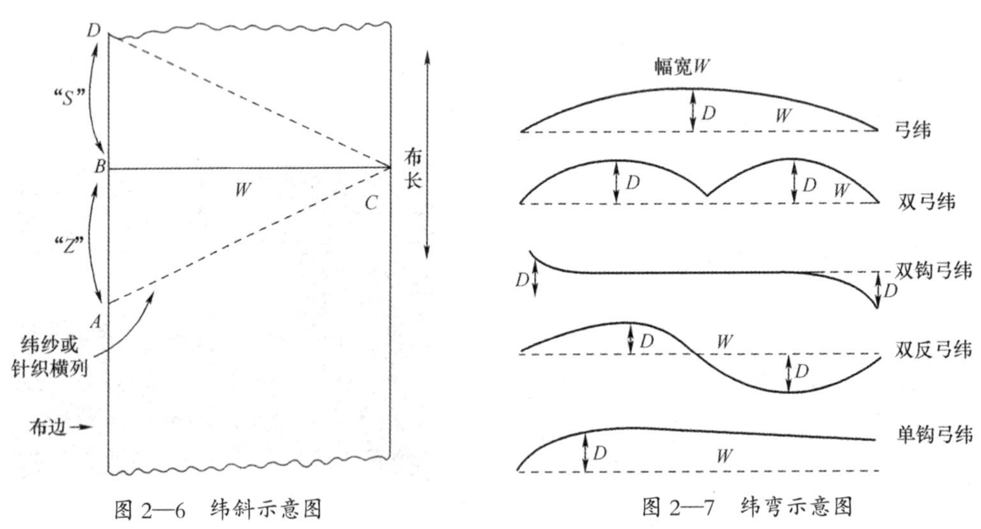

图 2—6　纬斜示意图　　　图 2—7　纬弯示意图

对纬向条纹或有纬向色纱的面料，其纬斜或纬弯的测量较为容易。而对素色或者无纬向色纱的面料，其纬斜或纬弯的测量则较为麻烦，实践中常采用"撕裂法"，即从布匹上撕下长 1 m 左右的面料，测量裂口对垂线的距离。此方法虽然简单，但是测量结果不精确，因为撕裂时裂口会受到张力的作用。

三、纬斜与纬弯的计算

从上述 1 ～ 3 处测量记录值中挑选出最大值，使用以下公式计算面料的纬斜或纬弯：

$$S=D/W\times 100\%$$

式中：S——面料纬斜或纬弯百分率；

D——面料纬斜或纬弯最大值（mm）；

W——面料幅宽或其测量部位宽度（mm）。

（4）缩率测试

1）伸缩率。伸缩是面料重要的理化性能。织物在受到水、热等外部因素刺激后，纤维会发生伸缩，其伸缩程度就是伸缩率。织物的伸缩主要有热伸缩、湿伸缩、缩绒、机械作用下的伸缩。织物的伸缩率主要取决于织物原料的特性及其加工方法和处理手段。伸缩率计算公式如下：

$$伸缩率=\frac{测试前试样的长度-测试后试样的长度}{测试前试样的长度}\times 100\%$$

2）自然回缩率。自然回缩是指织物在自然状态（无任何人为作用）下产生的回缩。产生自然回缩的多为针织面料。针织面料由于线圈结构的原因，在织造印染加工过程中，受到各种加工外力的牵拉，以纵向为主蕴藏了一定的变形能，当外力消失后，坯布开始缓慢恢复弹性变形，产生工艺回缩，其回缩程度就是自然回缩率。

知识链接

自然回缩率的测试方法

从仓库中取出原料的一个包装中的一匹，打开后，选择该匹布的头、中、尾部位，再在其左、中、右三处各做长度记号。随后将整匹布拆散抖松，在没有任何张力作用下，室内静放 24 h。最后对三个部位的记号进行复测，取其平均值，即可计算出材料的自然回缩率。

为了降低针织面料的自然回缩率，生产中需先将材料拆散抖松，在没有任何张力作用下，室内静放 24 h 以上才能开裁。即便如此，在缝制加工过程中，针织面料的长度与宽度方向仍会发生一定程度的回缩。回缩率的大小与坯布组织结构、密度、原料种类和细度、染整加工和后整理的方式等条件有关。工艺回缩性是针织面料的重要特性，缝制工艺回缩率是样板设计时必须考虑的工艺参数。

3）干烫缩率。干烫缩率是指织物在干燥情况下，用熨斗熨烫，受热后产生伸缩的程度。

知识链接

干烫缩率的测试

1. 采样

将布匹的头部或者尾部除去 1 m 以上（因开始织布时的张力有显著变动，要头部除去数米），随后取 50 cm 长的布料，再除去布的两边道（因两边道的张力与门幅中部的张力有差异，会影响测试的准确性，如针织物、静电植绒类织物两边应除去 10 cm），剩余布料作为测试试样。记录好试样的长度和宽度数据。

2. 干烫温度条件

（1）印染棉布：190 ～ 200℃。

（2）合成纤维及混纺印染布：150 ～ 170℃。

（3）粘纤印染布：80 ～ 100℃。

（4）印染丝织品：110 ～ 130℃。

（5）毛织物：150 ～ 170℃。

3. 干烫时间

选择合适的温度条件，用熨斗在试样上熨烫 15 s。

4. 测量和计算

待试样冷却后，测量其长度和宽度，然后根据伸缩率计算公式计算出该织物的干烫缩率。

4）湿烫缩率。湿烫缩率是指织物在潮湿状态下进行熨烫所产生的伸缩率。湿烫缩率的测试方法包括喷水熨烫和盖湿布熨烫两种。

知识链接

一、喷水熨烫测试法

采样：在离布匹头部或尾部 1 m 以上处取长度 50 cm 的布料，除去布的两边道，剩余布料作为测试试样。记录好试样的长度和宽度数据。

温度条件：与干烫缩率测试法相同。

湿润条件：将试样用清水喷湿，水分要均匀。

熨烫要求：用熨斗在试样上往复熨烫，时间控制在试样熨干为宜。

测量和计算：待试样晾干后，测量其长度和宽度，并计算伸缩率。

二、盖湿布熨烫测试法

采样：与喷水熨烫测试法相同。

温度条件：与喷水熨烫测试法相同。

湿润条件：清水浸透一块去浆的毛白平布，并拧干备用。

熨烫要求：把湿布盖在试样上，按照温度条件，用熨斗在试样上来回熨烫，时间控制在盖布熨干为宜。

测量和计算：待试样凉透后，测量其长度和宽度，并计算伸缩率。

5）湿水缩率。湿水缩率是指织物完全浸泡在水里，充分吸湿后产生的伸缩程度。

知识链接

湿水缩率的测试

采样：方法与干烫缩率测试法相同。

湿润条件：将试样完全浸泡在60℃的温水中，用手搅动，使水分充分进入纤维，待15 min后取出，在室温下晾干（不可拧）。此试验也可在缩水机中进行。

测量和计算：测量试样长度，然后计算伸缩率。

（5）色牢度测试

色牢度测试俗称褪色或不褪色试验，如图2—8所示。

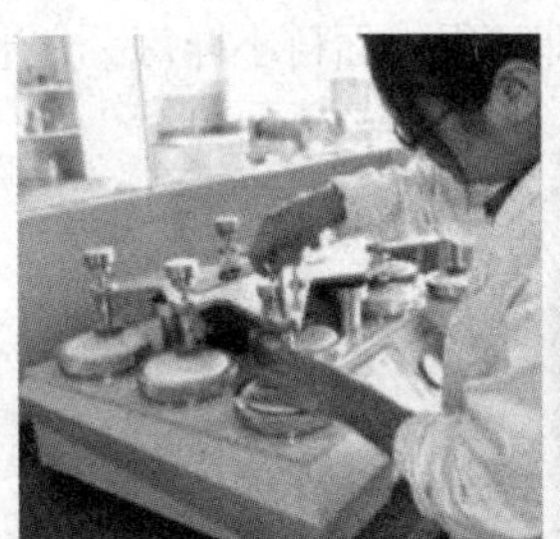
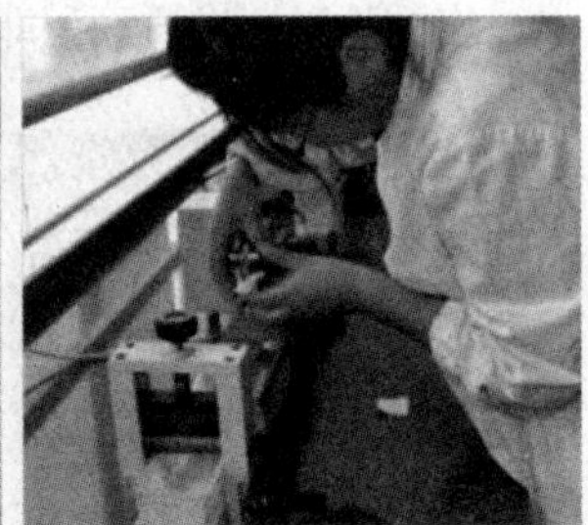

图2—8　面料色牢度测试

测试内容主要有三个方面：

1）摩擦色牢度：指经过摩擦后，面料色泽变化的程度。

2）熨烫色牢度：指试样经过熨烫加工，冷却后面料的色泽变化程度。

知识链接

熨烫色牢度的测试

熨烫色牢度的测试是在专门的加热装置上进行的。

首先，设定试验温度为 110℃、150℃或 200℃；压力为 4 kPa；试样尺寸为 40 mm×100 mm，贴衬织物尺寸与试样相同。

其次，选择合适的熨烫方式：①干压，试样上不放贴衬织物，直接压烫；②潮压，试样上放湿的棉贴衬织物；③湿压，试样和棉贴衬织物都需浸湿。

接着，在加热平板作用下，保持 15 s 后取出试样，用评定变色用灰色样卡评定试样的变色，用评定沾色用灰色样卡评定棉贴衬织物的沾色。也可用电熨斗参考以上条件进行测试，熨斗的温度用表面温度计或感温纸测定。

最后，观察试样是否有烫黄等外观变化。

3）水洗色牢度：试样经过洗涤后的变色程度。水洗色牢度测试分为清水洗试验法和皂洗试验法两种。

色牢度测试时，需按 GB 250—64《染色牢度褪色样卡》进行评定。

（6）克重测试

克重是指织物每平方米的无浆干重克数，它是织物的一项重要技术指标。当测试面料比较大时，可以采用称重法直接获得织物重量。一般做法是，用圆盘取样器（见图 2—9 左）从大块面料中取出圆盘形标准样 100 cm^2，放入电子秤（见图 2—9 右）秤盘，显示屏自动显示织物面料的克重（g），克重除以标准样面积即可得出面料小样每平方米克重（g/m^2）。

图 2—9　圆盘取样器和电子秤

二、服装辅料质量管理

服装辅料是指除面料外装饰服装和扩展服装功能的必不可少的物料，包括里料、填料、衬垫料、缝纫线材料、扣紧材料、装饰材料、拉链、纽扣、织带、垫肩、花边、衬布、里布、衣架、吊牌、牵条、钩扣、皮毛、商标、线绳、填充物、塑料配件、金属配件、包装盒袋、印标条码及其他相关材料。辅料对服装的内在质量和外在质量都有着重要影响。

1. 服装辅料检验

辅料进厂后，要及时检查其品质和数量。对于客户提供的辅料，也要按照辅料品质要求进行检验。辅料进厂后，应与合同资料确认的样品核对，分步骤检查以下内容：

（1）辅料的品名、规格、型号正确与否。

（2）清点辅料的数量，并与生产所需的数量核对后做好数量记录。

（3）辅料的颜色正确与否，如果辅料的种类涉及颜色和尺码，则参照分码表分颜色、尺码清点。

（4）辅料的外观质量是否符合要求。

2. 服装辅料性能测试

服装大货生产在确定缝纫、熨烫等工序的工艺要求时，需要参考辅料性能测试结果。在辅料测试结果的基础上，技术部门才能编制出完整的生产制造通知单。对于测试有问题的辅料，必须将测试报告和辅料样品寄送客户审批，与客户讨论决定是继续采用还是换用其他辅料。

辅料的性能测试包括：里料的色牢度、缩水率测试，粘合衬的粘合牢度和尺寸稳定性测试，填充料的重量、厚度测试，普通纽扣的色牢度、耐热度测试，金属纽扣的抗腐蚀性、镍含量等测试，拉链的手拉强度、折拉强度等测试，线带类辅料的染色牢度、缩水率等测试，缝纫线的强度测试等，有些辅料还需要测试检针性能。常见辅料的性能检测项目见表2—2。

表2—2　常见辅料的性能检测项目

名称	图例	检测项目
里料	涤纶塔夫绸　尼龙绸	与面料类似，包括破洞抽纱、缩率、色牢度等

续表

名称	图例	检测项目
纽扣	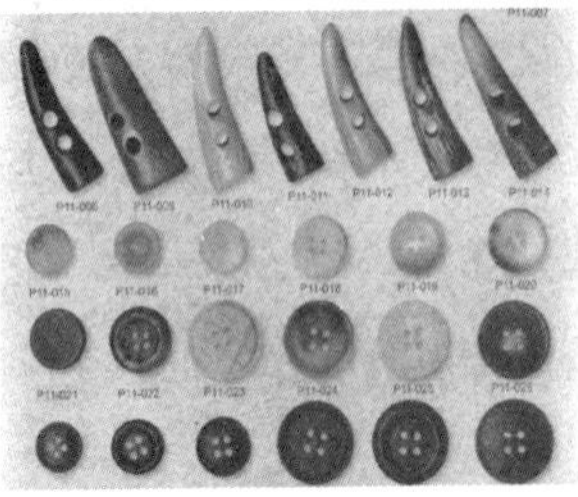 纽扣 　按扣	塑料扣测试耐热度、强度、色牢度，金属扣测试抗腐蚀性等
拉链		手拉强度、折拉强度、链牙牢度、固色度等
缝纫线		强度、缩率等
粘合衬	无纺粘合衬 　树脂衬	粘合牢度，所需温度、压力、时间等
填充料	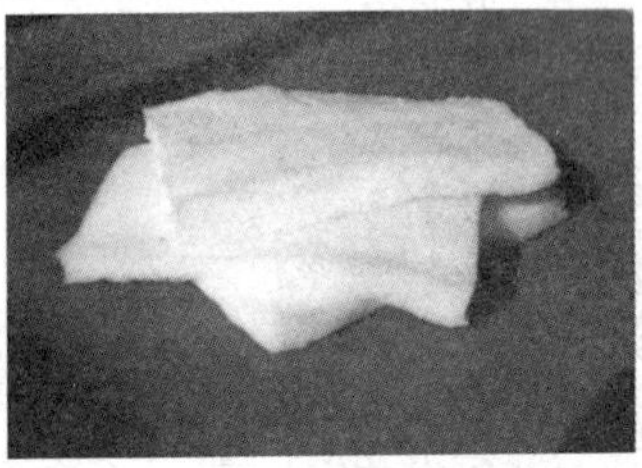 喷胶棉 　针刺棉	重量、厚度，羽绒还要测试含绒量、蓬松度、阻燃性等

续表

名称	图例	检测项目
商标、吊牌		主标图案、文字标识是否正确；洗标里标识图形是否正确，洗涤保养说明是否完整；吊牌内容（包括号型、成分）是否正确，企业相关图案、说明是否正确

知识链接

一、粘合衬的品质要求

1. 剥离强力

剥离强力是指粘合衬与被粘合的面料剥离时所需要的力，单位为 N/（5 cm×10 cm）。剥离强力是考核粘合衬牢度的重要指标。在服装加工中要正确选择粘合衬的类型，使其与面料有良好的配伍，还要正确选择相应的压烫条件、压烫设备和压烫方式。

2. 尺寸稳定性

尺寸稳定性是指粘合衬在使用过程中的尺寸变化性能，一般伸缩的情况较多。粘合衬过多的伸缩会影响服装的外观，如起皱、起泡等。粘合衬的伸缩一般表现为以下几种：

（1）干热尺寸伸缩：指粘合衬在压烫过程中的伸缩。

（2）水洗尺寸伸缩：即缩水率，指粘合衬在水洗过程中产生的伸缩。大多数面料都经过防缩整理，一般缩水率要求小于 3%。为了与面料有良好的配伍，粘合衬的缩水率也必须符合面料的实际缩水率。

（3）粘合洗涤后的伸缩：指粘合衬与面料粘合后再经水洗产生的伸缩。

3. 耐洗性

粘合衬的耐洗性包括耐化学干洗性和耐水洗性。耐洗性以粘合衬洗涤后剥离强力的下降率来表示。较直观的检测方法是以洗涤后有无脱胶、起泡等现象来鉴别，通常规定洗涤五次以后不起泡。采用“评定粘合衬耐洗外观样照”对照粘合衬洗涤后的外观，定量评定其耐洗性能，一般要求不低于四级（一级为严重起泡、二级为局部起泡、三级为表面不平整起皱、四级为轻微起皱不起泡、五级为表面平整无皱无泡）。耐洗试验的洗涤方式按最终使用要求或洗标说明确定。

4. 其他要求

对某些有特定用途或销往特定国家的粘合衬，可能还对手感、白度和颜色、游离甲醛含量等有要求。

5. 产前必须进行的试验

（1）压烫试验

影响粘合衬粘合牢度的重要因素是温度、压力和时间，而这三者与粘合衬的热熔胶类型有关。所以粘合衬供应商在提供粘合衬的同时，还应该附有参考压烫条件，此条件是产前试验的重要依据。

尽管粘合衬供应商提供了参考压烫条件，但由于压烫设备及面料的不同，压烫效果也不同。为了选择正确的压烫设备和压烫条件，在大货生产前根据粘合衬供应商提供的压烫条件进行压烫试验是很有必要的。

为了保证压烫结果可靠，粘合后的裁片不能立即捆绑，应该平放冷却，冷却时间不少于 2 h。压烫试验后，要对压烫结果进行测试，测试的项目包括剥离强力、压烫尺寸变化率、面料外观变化和手感评定。

（2）中间整烫试验

中间整烫试验可以防止粘合衬在整烫过程中出现某些不良变化，并再次确认所选粘合衬是否合适。测试的项目有整体尺寸变化率和外观分级。

（3）耐洗试验

根据服装的类型和洗涤要求，对粘合衬分别进行水洗和干洗试验，耐洗试验的条件要尽可能与实际使用一致。如果试样较小，则可在水洗或干洗时加入其他衣物增加摩擦，使其与实际应用更相似。耐洗试验后还需测试以下项目：洗涤后剥离强力、洗涤后外观分级、干洗或水洗后的尺寸变化率。

二、其他主要辅料的品质要求

1. 拉链

按制作材料不同，拉链可分为注塑拉链、尼龙拉链和金属拉链，如图 2—10 所示。按结构不同，拉链可分为闭尾拉链、开尾拉链和环形拉链。按规格不同，拉链可分为 0#、2#、3#、4#、5#、7#、8#、9#、10#、20#…30#，型号的大小与拉链牙齿的大小成正比。

（1）注塑拉链

注塑拉链是比较常用的拉链，链牙以塑料为主要原料，通过注塑成型工艺固定排列在布带带筋上制成。其品质要求如下：

1）保证 100% 纯正原材料生产，具有良好的弹性和强度。

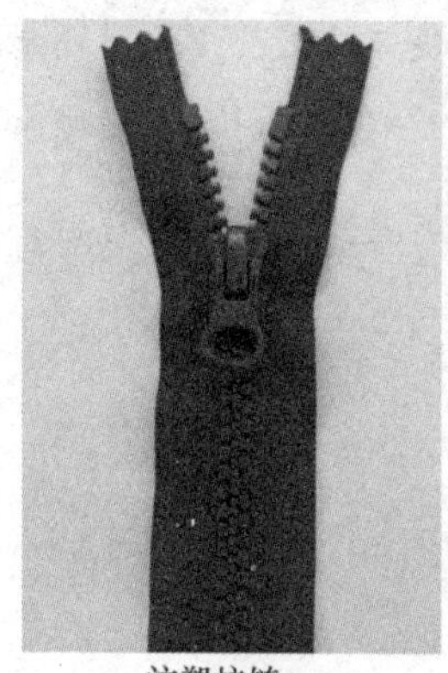
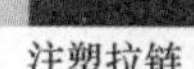
注塑拉链

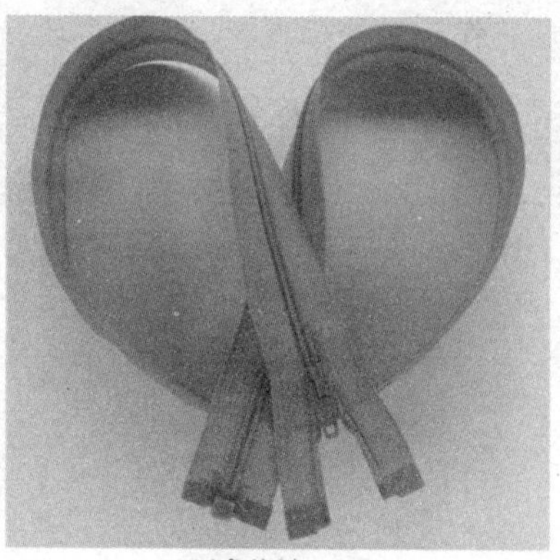
尼龙拉链

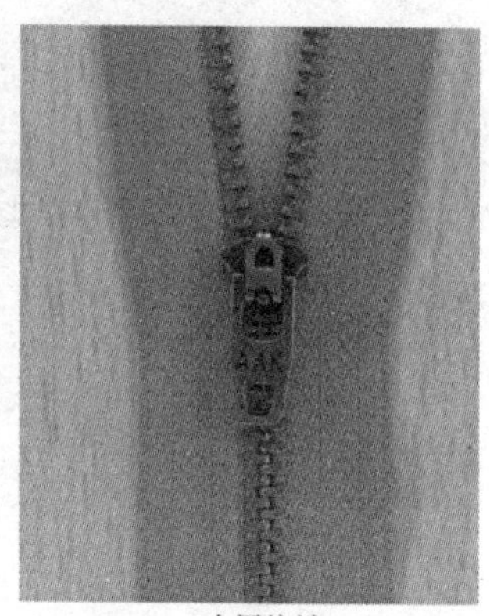

金属拉链

图 2—10　拉链

2）必须保证链牙及拉链布的规格相配合，上下拉合顺畅。

3）拉链底、插销必须打孔处理（打 2 个孔以上），以保证左右插销的强度、牢度。

4）上下止口全部使用布贴，而且布贴必须外露。

5）拉链底必须使用蝶形的（不得使用圆形的）。

6）拉链头的左右插销必须有良好的牢度、强度，并要经得起检测。检测方法是：用废布把拉链上好后再用力扒，看插销处是否脱离。

7）拉链的布边必须有良好的厚度和强度，以保证拉链不变形，同时保证合格的色牢度（至少达到 3 ～ 4 级），否则会出现移色的现象。

8）拉链必须不含偶氮。

（2）尼龙拉链

尼龙拉链牙齿是用尼龙单丝通过加热压模缠绕中心线组成的，其品质要求如下：

1）拉链不得使用三角形，必须使用直线形，这样下止不易脱出。

2）拉链的上止要用注塑的，不得使用铁钩的。

3）拉链的左右插销打孔必须在左右正面上。

4）拉链拉合必须紧密，不得出现爆口、爆裂的现象。

5）拉链的布边必须有良好的厚度和强度，以保证拉链不变形，同时保证合格的色牢度（至少达到 3 ～ 4 级），否则会出现移色的现象。

6）拉链必须不含偶氮。

2. 纽扣类

纽扣的种类有铜扣、尼龙胶面扣、订牌扣、铝扣、铁扣等，一般使用的是尼龙胶面扣、铜扣和一些订牌扣。纽扣的规格有 15 mm、17 mm 以及其他规格。纽扣选用要求如下：

服装大货用纽扣的颜色和型号应与样品相符；表面不应有裂纹、缺口、凹凸不平及明显划痕；背面无裂纹、气泡；无烂边、厚薄不均现象；花纹应无明显变形，无白眼、白圈等现象；扣眼应光洁通畅；针眼对称且无大眼，无穿及破裂；经电镀或者其他工艺处理后，效果要均一。

第二节　产前样品试制和封样

制作样衣并形成完整的系列样板，是大货生产的重要前提，也是保证制成的服装成品符合订单要求而且达到预期品质的重要条件。产前样品的质量管理流程主要包括按照客户要求制作样衣→审核样衣纸样的质量以及样衣制作的质量→针对样衣的疵病修正纸样→最终经双方确认封样。

一、样衣制作

在服装订单生产过程中，需要试制样品，即样衣。样衣既是服装企业生产技术能力的综合表现，又是服装贸易双方重要的产品品质参考标准。

服装样衣的效果在很大程度上影响客户对企业生产质量的认识，因此，进行样衣缝制的工人必须具有良好的技术和稳定的表现。在服装企业中，一般都由专门的样板车间来承担服装样衣的制作任务。服装样板车间内的技术队伍，一般都是由在样板、缝纫、整体质量控制、样板修正等方面有技术专长的人员组成，这些人员有力地保障了服装样衣的质量。

样衣制作的一般流程如下：

1. 明确样衣制作要求，备好物料，并对物料的缝制方法有足够的准备，如面料和缝针的选配问题、面料的缝缩及预防措施、针距的合理调整、整烫参数的调整等，这样才能既保证样衣的质量，又保证样衣制作的进度。

2. 服装制板师在熟悉各类服装面、辅料特性的前提下制作样衣的样板，指导配合服装样衣工制作样衣，并进行相应修改，最后根据确定的制板撰写详尽的工艺单。

3. 样衣工根据制板师所做的样板，完成样衣制作（见图 2—11）；根据样衣效果，与制板师沟通进行服装尺寸的修改和完善。样衣工对所制作样衣的质量及后续修改工作负责。

图 2—11　样衣工缝制样衣

二、样衣检验

样衣检验也被称为看板或者评板。在进行看板时，需要选定与样衣尺码相对应的人台，然后把服装穿在人台上，从不同角度评审服装的穿着状态。这样，服装大致的造型和部件位置都一目了然，制板和制作中出现的问题也能较直观地反映出来。

此外，还可以把样衣穿着在真实的人体模特身上，然后检验样衣在人体静态和动态状态下的穿着效果，观察是否有紧绷或其他不合适、不舒适的地方，最后确定样板或工艺的修正方法。

知识链接

样衣质量标准

一、样衣上衣外观质量标准

1. 领、驳头部位

领头外观须挺括、平服，驳口部位挺直，不荡开。驳头部位要窝服，领里不外露，装领线正确，左右领角、驳角的造型、条格、丝绺要一致，装领的衣身周围部位要平服，领

折线要能到所设计的第一扣位上方 1 cm 处。条格面料要求领后部位与衣身条格对齐，或左右领之间对称。翻领部位能很好地贴合在衣身上，不能显露出底领部位。

2. 袖子部位

袖子安装时要求袖山、袖窿对位记号准确吻合，两袖自然前摆，袖子下端以基本遮住腰带宽度的一半为准。左右两袖装袖位置要一致，缩缝量要相同。有对条格要求时，袖窿 1/2 以下部位的袖子与袖窿必须对上条格，装袖后袖子造型要前圆后登，袖山饱满，缩缝量均匀，前后偏袖缝平整。

3. 肩缝、摆缝部位

肩缝顺服，无多余褶皱，近颈部呈贴合状态，摆缝要求平整挺服。

4. 止口部位

止口挺直不弯曲，且平薄、窝伏，挂面内外平服，穿着后止口不搅、不豁。

5. 胸、袋部位

胸部挺顺、饱满，覆衬时面衫相符，丝绺顺直；胸省两旁不起翘、无褶皱。口袋要有里外瘫，造型美观，位置正确。

6. 后背部位

省道平服，后领窝不起涌，底边不起翘，衣身无斜形褶皱，袖窿部位平服、宽舒。

二、样衣上衣制作质量标准

1. 领、驳头部位

领衬裁准，底领归顺，领里车缝（或手扎）做出里外瘫状态，领面驳头吃势均匀，装领时前后领口不拉回。

2. 袖子部位

袖山大小和袖窿相符，丝绺归正，山头缝尽量均匀，偏袖缝上段 10 cm 处不拉回，前偏袖缝中部应拔开，后偏袖缝中部应归拢，装袖前圆后登。

3. 肩缝、摆缝部位

车缝肩缝时，将前肩缝略拉开，后肩缝中段稍归拢，吃势均匀，缉线顺直、齐整。车缝摆缝时，在后片上摆缝（约 10 cm 处）和下摆缝胖势部位要稍微归拢、烫圆。后背袖窿上段略微向上推归，将推归的多余部分并入肩缝，推出肩胛骨胖势，形成登状。

4. 前胸部位

前胸袖窿部位略归进，胸部止口搭门归直，臀部丝绺推圆归正。覆衬时面布要冷透，面布和衬布缩水率要相符。

5. 口袋部位

口袋位置准确，贴袋角方正圆顺，嵌线宽窄相同，手巾袋两头方正，条格与衣身对准。安装要求有窝势。

三、样衣下装外观质量标准

1. 衣缝部位

侧缝对齐无吃缝，后缝不紧不松，左右衣身一致。

2. 脚口、裙边部位

脚口卷脚宽窄相同并略有翘势，脚口大小一致，裙边做顺直。

3. 腰头部位

腰头挺括顺直，止口无反吐，前、后省道左右对称。

4. 口袋部位

袋里不外露，侧缝顺直，袋口平服，松紧适宜，封口齐整，袋角不毛。

5. 门襟部位

缉线宽窄一致，圆角圆顺，里襟要正好盖合门襟。拉链平服不起浪。

四、样衣下装制作质量标准

1. 缝子部位

前身裤片的侧缝袋口归直，牵带略敷紧，前裆缝胖势归直归拢。后身裤片的下裆缝中裆拔出，上臀围处向上拉开，侧缝处把胖势归进，中间拉出、归直。车缝侧缝、裆缝时，必须将前后两片拉齐，缉线齐整顺直、不松不紧、不弯曲。

2. 腰头部位

腰头顺直，里外挺服。装腰头时，省、裥不能拉回，左右宽窄相同。

3. 口袋部位

前袋口胖势略推直，敷上牵带，臀围线下段袋口做成直角，袋止口缉线齐直，宽窄一致，车缝上段侧缝袋时将袋口略微拉紧，后袋弯势做顺，袋口封口不毛。

4. 门襟部位

门襟里襟弯势裁准；车缝贴门襟时，裤身门襟不能拉回；后窿门弯势烫圆、烫伏、归正。

三、样衣疵病的鉴别及修正

样衣检验一旦发现疵病，首先要分析疵病产生的原因，是纸样结构设计的问题，还是缝制不符合操作规定，或者熨烫的方法不正确等。接着尽可能地将服装套在人台或人体上，根据分析的结果，采用大头针别、用手提拉等方式，观察能否消除疵病。如果能消除，说明分析是正确的；反之，则需要另做分析。

拆开疵病位置的缝线，用划粉进行补正，然后用大头针或线进行假缝（即临时性的简单缝合），观察其外观形态。如果疵病已经消除，便可进入实缝阶段，如果效果还不理想，可拆去假缝再进行修整，直至满意为止。最终按照假缝的处理方式对疵病部位进行实缝、整烫，剪去多余缝份，并穿着在人台或人体上最后审视补正效果。

四、封样管理

样衣经检验合格，最终获得贸易双方确认后，由客户及生产企业同时在封样单上签字确认并落款时间，同时将样衣用袋子封装起来，客户及生产企业在封口的地方也签字落款，这就完成了封样的全过程（见图 2—12）。被封存的样衣即为大货生产的标准。

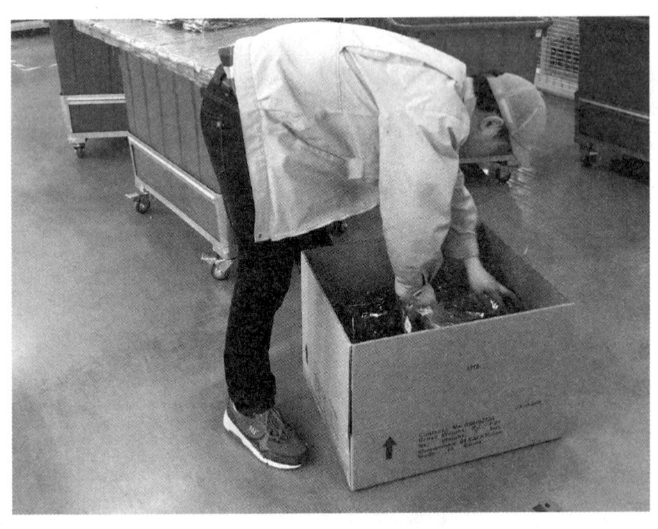

图 2—12　样衣封样

第三节　工艺技术文件管理

服装工艺技术文件既是生产指导性文件，又是企业的机密技术文件和客户“清单”。规范编写和合理管理服装工艺技术文件，是实施服装生产过程中质量管理和产品质量检验的重要保障，也是企业合理利用原材料、降低成本、缩短生产周期、提高生产效率的法宝。

一、工艺技术文件构成

服装是由多个零部件组成的，如上装有领子、袖子、前后身、口袋等，在将这些零部件缝制成衣的过程中，必定涉及诸如各部件的加工方法和要求、部件之间的组装顺序和要领等工艺技术方面的问题。所以，企业的管理人员和技术人员必须对所要生产的服装产品结构、加工工艺等进行分析，并明确各部件应达到的质量标准指标，然后正确编写工艺技术文件。

一般来说，工艺技术文件的构成如图 2—13 所示。

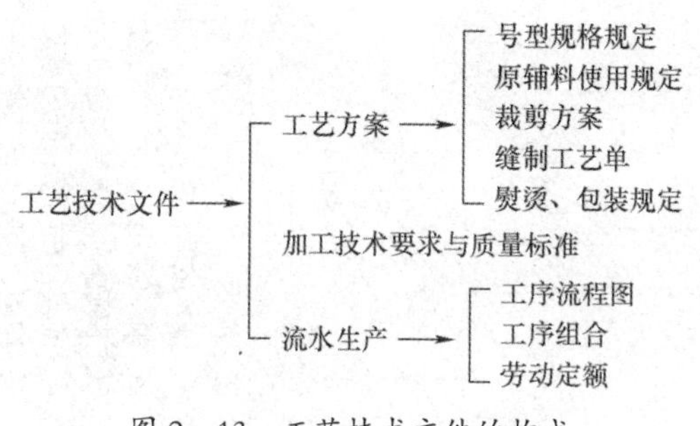

图 2—13　工艺技术文件的构成

二、编制工艺技术文件

工艺技术文件一般由技术工艺员编制。工艺技术文件包含与生产任务相关的各个环节的资料和要求，表述要简洁明了，不可含糊不清，且要符合本企业生产实际，具有可操作性。

工艺技术文件编写完毕后，必须由技术科负责人认真核对，然后由编写人及复核人签字，并注明编写日期，由主管科长或负责人签发，以明确职责。常见的工艺技术文件范例见表 2—3。工艺技术文件的保存管理仍由技术科负责。

表 2—3　服装工艺技术文件（样衣工艺单）

款号		品名		客户		订单号		制表日期	
合约号		编号		收板单日期		交板日期			

成品尺寸　单位：cm

规格＼部位	S	M	L	公差±
前长		54		0.5
胸围		88		1
腰围		78		1
臀围		98		1
肩宽		37.5		0.5
袖长		74		1
袖肥		16		0.5
袖口大		17		0.3
袖口宽		5.6		0
后领宽		7		0
后领深		2		0
前领宽		6.8		0
前领深		9.5		0
领围大		39		0.3
领座高		3		0
翻领宽		4.5		0.3

面料名称	使用部位	混率	缩率
色织青年布		棉 100%	3%

辅料

品名	使用部位	种类	规格	数量
纽扣	前门襟	四眼胶木	12 mm	6 颗
	袖口	四眼胶木	12 mm	2 颗
用线	面线	404 配色 3 cm 12~13 针 /in		
	底线	404 配色 3 cm 12~13 针 /in		
	拷边线	603支配色 3 cm12 针/in阔0.6 cm		

用衬部位	衬规格名称	机号	温度	压力	时间
翻领	3316R 有纺粘合衬	4 号车	160℃	3.5 MPa	12 s
领座	3311 有纺粘合衬	5 号车	170℃	4 MPa	14 s
袖口	3311 有纺粘合衬				
门襟	T8060S 无纺粘合衬	4 号车	140℃	1.5 MPa	12 s

小烫温度：开至棉以下　其他熨烫温度、压力、时间根据面料厚薄现场调试

工艺说明：

1. 技术依据，客供资料，领型：F COLLAR
2. 领：领尖长 6 cm，领面后中高 4.5 cm，领面切线宽 0.6 cm 单线
3. 下领座：领座后中高 3 cm，四周切 0.1 cm 单线
4. 前幅：右门襟，翻门襟宽 3 cm，外口切 0.1 cm 单线。左门襟，里襟三折卷切 2.5 cm
5. 纽位：领脚缝至门襟每一粒扣中，距离为 6 cm，其他纽扣间距为 9 cm
6. 后育克：后中高 8 cm，切 0.6 cm 单线
7. 绱袖：袖窿切线 0.6 cm 单线
8. 袖褶：2 只，褶量 2.8 cm，两褶间距 1.4 cm
9. 袖衩：长 14 cm，宽 2 cm，小衩宽 1.2 cm。袖衩切线 0.1 cm 单线，山尖封口 2.5 cm
10. 底边：圆摆，曲摆高前 7 cm、后 7.5 cm，卷切 0.5 cm

更改栏	内容		裁剪	1. 裁剪按样板经纬顺直，认真摆正	2. 裁剪正确、无遗漏，零部件齐全
	日期			3. 零部件裁剪靠近大身，大身门襟及翻门襟条尽量排在中间	4. 以防色差，织疵不可放入

制板人		制板审核人		工艺员		审核人		制表日期	

第四节　样板审核与管理

服装样板是服装企业工业化生产的基础，关系到成衣尺寸、裁剪用料和生产制作。严谨地制作样板、精细地复核样板、规范地保存和管理样板，都是服装高质量生产的保障。服装样板的制作与管理由制板部门（又称板房）负责，服装生产企业要求制板部门有规范的样板管理制度和流程，有些企业还有专人负责保管样板。如图 2—14 所示为一套完整样板的生产过程。

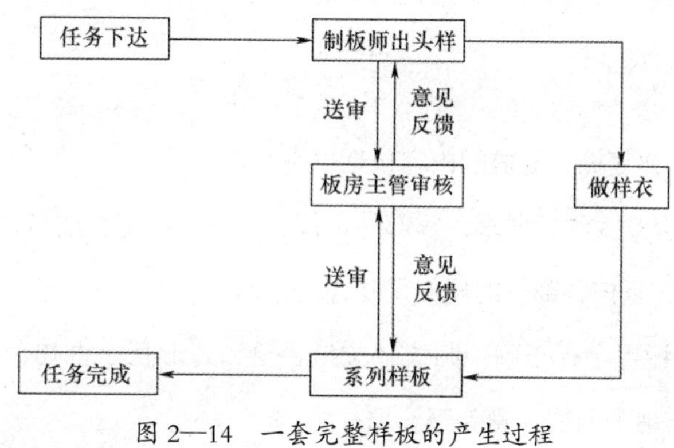

图 2—14　一套完整样板的产生过程

一、样板审核

只有通过了审核的基础样板（又称头样、母板）才能进行后面如制作样衣、推放板制作系列样板等工作。用于裁剪、排料、划样的样板不应破损，样板的边缘要光滑，板型规格要准确。

1. 基础样板的制作

（1）要求制板师认真审视相关的时装设计图、生产款式设计图或者样衣，分析整体风格造型、各部位细部结构特点、所用材料性能特点、制作工艺等。

（2）制板师根据需要选择结构设计的方法。结构设计方法有平面构成法和立体构成法。平面构成法又分为原型法、比例法、定寸法等，操作简洁、方便，绘图精确，但与实物缺

乏直接的立体造型对应关系。立体构成法直观效果好，可充分发挥设计想象力，但对操作技术要求高，耗时长，成本高。

（3）裁剪样板的制作是对净样结构制图的工业化处理，生产中也称裁剪样板为毛样。裁剪样板要与既定的原材料、工艺相符合。

2. 系列样板的制作

从国家标准或客户系列成品尺寸中计算档差，认真分配各个档差数据，缩放纸样，得到各个尺码的样板（即系列样板），完成放码工作。

样板缩放处理的前提条件有以下几项：

（1）样板完整、规范、数量齐全。

（2）样板的缩放与材料性能一致，并按比例缩放。

（3）样板的制作、标注说明应规范，便于辨认。

二、样板复核

样板制作完成后要复核，复核的内容包括以下几项：

1. 板型是否符合款式结构要求，零部件定位、大小比例是否适当，样板是否有遗漏。

2. 根据工艺单，复核各部位的规格尺寸是否正确。

3. 各样板间的配置是否正确，归拔部位是否恰当，形状是否吻合，特别是领窝线与装领线、袖窿曲线与袖山曲线、侧缝等。

4. 轮廓是否光顺、圆滑。

5. 定位标记（刀眼、锥孔）是否齐全，有无遗漏。

6. 省位或褶裥是否有遗漏，大小和位置是否正确。

7. 按大小规格将样板理齐，观察样板推板跳档是否正确。

8. 书写标记（款号、规格码等）是否准确，有无遗漏。

9. 布纹标记是否正确，有无遗漏。

10. 样板尺寸是否考虑所用面料的缩率。

三、样板管理

制板部门常用样板清单的形式对全套样板进行归类管理，全套样板一般按时间顺序或按服装种类摆放。表 2—4 是样板清单示例。

表 2—4 样板清单示样

编号： 日期： 年 月 日

<table>
<tr><td>客户</td><td></td><td>面料</td><td></td><td>生产款式图</td></tr>
<tr><td>款号</td><td></td><td>缩率</td><td></td><td rowspan="9"></td></tr>
<tr><td colspan="2" rowspan="2">样板名称</td><td colspan="2">面料数量</td></tr>
<tr><td>样板</td><td>裁片</td></tr>
<tr><td colspan="2"></td><td></td><td></td></tr>
<tr><td colspan="2"></td><td></td><td></td></tr>
<tr><td colspan="2"></td><td></td><td></td></tr>
<tr><td colspan="2"></td><td></td><td></td></tr>
<tr><td colspan="2"></td><td></td><td></td></tr>
<tr><td colspan="2"></td><td></td><td></td></tr>
<tr><td colspan="2"></td><td></td><td></td><td>排料及制作要求</td></tr>
<tr><td colspan="2"></td><td></td><td></td><td rowspan="16"></td></tr>
<tr><td colspan="2"></td><td></td><td></td></tr>
<tr><td colspan="2">小计</td><td></td><td></td></tr>
<tr><td colspan="2" rowspan="2">样板名称</td><td colspan="2">里料数量</td></tr>
<tr><td>样板</td><td>裁片</td></tr>
<tr><td colspan="2"></td><td></td><td></td></tr>
<tr><td colspan="2"></td><td></td><td></td></tr>
<tr><td colspan="2"></td><td></td><td></td></tr>
<tr><td colspan="2"></td><td></td><td></td></tr>
<tr><td colspan="2">小计</td><td></td><td></td></tr>
<tr><td colspan="2" rowspan="2">样板名称</td><td colspan="2">衬料数量</td></tr>
<tr><td>样板</td><td>裁片</td></tr>
<tr><td colspan="2"></td><td></td><td></td></tr>
<tr><td colspan="2"></td><td></td><td></td></tr>
<tr><td colspan="2"></td><td></td><td></td></tr>
<tr><td colspan="2">小计</td><td></td><td></td></tr>
<tr><td>备注</td><td colspan="4"></td></tr>
</table>

填表人： 审核人：

在裁剪车间排料、划样、核查使用的样板是毛样。工艺样板（又称辅助样板、实样）是便于工艺操作和质量控制而使用的样板，一般是小部件（如口袋、衣领或衣片局部）的净

样。样板性质不同，其要求也不同。

基础样板要求便于保存，在一定时期内不变形、不起翘。现如今，大量的基础样板被储存在计算机内，基础样板逐渐被软件所取代。裁剪样板要求耐磨，多次使用不变形。工艺样板要求长久使用不变形。工艺样板可用厚纸板、金属片、塑料板或其他材料制作，如铝片制作的口袋盖净样能方便操作、保证质量。

思考与练习

1. 服装产前质量管理有哪些环节？
2. 对即将投产的服装面辅料，应进行哪些项目的测试？
3. 封样管理的流程是什么？
4. 以某一款服装为例，尝试编制其投产所需准备的服装工艺技术文件（样衣工艺单）。
5. 样板复核包括哪些内容？

第三章

服装产中质量管理

工业化服装生产企业内部分工较细，各类批量服装通常被分解成多个工序和多个工位进行流水操作生产。只有加强对各个工序的质量控制，才能保证服装在不同生产阶段中的局部质量，最终使服装的整体质量达到最佳水平。

服装产中质量管理主要指裁剪工程质量管理和缝制工程质量管理。裁剪工作的顺利完成，不但能有效节约用料，而且是优质高产的保证。裁剪出来的裁片经过一系列缝制加工的工序就能组成服装成品，因此缝制加工的质量也直接关系到服装成品的质量。

学习目标

1. 掌握裁剪工艺的主要工作内容，能够根据生产条件合理制订裁剪方案。

2. 掌握服装排料、铺料的主要方法，能够归纳服装排料和铺料环节的质量管理内容。

3. 掌握服装裁剪的主要方式，能够归纳服装分扎和对色环节的质量管理内容。

4. 能够归纳服装裁片质量管理的主要内容。

5. 掌握服装粘衬的三个技术参数，能够从质量控制角度描述粘衬环节的注意事项。

6. 能够归纳服装缝制环节的质量管理内容。

第一节　裁剪工程质量管理

裁剪工艺的主要工作包括裁剪方案的制订、排料、铺料（拉布）、裁剪、验片、打号、分包、捆扎。如果裁剪工作的质量管理不好，则会给服装产品的质量埋下隐患，甚至造成无法弥补的损失。

一、裁剪方案质量管理

裁剪方案的制订又称分床，是指根据生产任务和生产条件，科学合理地制订某一生产任务的裁剪床数、拉布层数、号型规格及件数的工艺。合理制订裁剪方案是裁剪工作顺利完成的前提。

一般来说，裁剪方案的质量管理从以下几方面考虑：

1. 裁剪方案的制订必须符合本企业的生产条件

生产条件包括铺料台规格、操作设备、工作空间等。

2. 裁剪方案的制订必须从节约用料出发

面辅料的费用是服装的主要成本，降低面辅料用量意味着成本的降低和经济效益的提高。

3. 裁剪方案的制订应考虑生产效率

在制订裁剪方案时应考虑提高生产效率，充分提高资源的利用率，减少重复劳动，降低内耗。

4. 裁剪方案的制订还应考虑合理生产及方便生产安排

裁剪方案的制订要考虑生产任务的具体情况，如零部件组装与生产线安排、交货时间、装箱要求等，减少混乱出错，便于生产和质量跟踪、管理，避免积压或无法准时出货、生产不均衡等情况出现。

5. 裁剪方案的修改变动须经裁剪部门主管同意

裁剪方案的修改变动须经裁剪部门主管同意方可执行，其他人员不可私下改动。

知识链接

对于同一批生产任务，技术人员可以制订出多种裁剪方案，而每一种裁剪方案适合于不同的生产条件。因此，应综合考虑裁床长度、面料性能、操作工人的配备等因素制订出最佳的裁剪方案。具体裁剪方案的制订可参考以下实例。

实例一　单色混码订单资料如下：

尺码：S　M　L

数量：225　450　450

要求：每床最多拉300层，每张排料图最多排6件。

试求：最佳的裁剪方案。

解：S　M　L　层数　件数

225　450　450

（1）1（0）2（0）2（0）225　5

所以：床次（1）1/S+2/M+2/L=5件，拉225层。

实例二　单色混码订单资料如下：

尺码：S　M　L

数量：200　250　150

要求：每床最多拉200层，每张排料图最多排3件。

试求：最佳的裁剪方案。

解：S　M　L　层数　件数

200　250　150

（1）1（50）1（100）1（0）150　3

（2）1（0）2（0）　50　3

所以：床次（1）1/S+1/M+1/L=3件，拉150层。

床次（2）1/S+2/M=3件，拉50层。

实例三　单色混码订单资料如下：

尺码：S　M　L　XL

数量：175　860　120　175

要求：每床最多拉150层，每张排料图最多排10件。

试求：最佳的裁剪方案。

解：	S	M	L	XL	层数	件数
	175	860	120	175		
（1）	1（55）	7（20）	1（0）	1（55）	120	10
（2）	2（15）	1（0）		2（15）	20	5
（3）	1（0）			1（0）	15	2

所以：床次（1）1/S+7/M+1/L+1/XL=10 件，拉 120 层。

床次（2）2/S+1/M+2/XL=5 件，拉 20 层。

床次（3）1/S+1/XL=2 件，拉 15 层。

实例四　混色混码订单资料如下：

尺码：		8	10	12	14	16
数量：	黄色	60	120	180	180	60
	蓝色	360	320	520	360	120
	白色	170	190	300	240	80

要求：每床最多拉 300 层，每张排料图最多排 10 件。

试求：最佳的裁剪方案。

解：		8	10	12	14	16	层数	件数
数量：	黄色	60	120	180	180	60		
	蓝色	360	320	520	360	120		
	白色	170	190	300	240	80		
（1）	黄色	1（0）	2（0）	3（0）	3（0）	1（0）	60	10
	蓝色	1（240）	2（80）	3（160）	3（0）	1（0）	120	10
	白色	1（90）	2（30）	3（60）	3（0）	1（0）	80	10
（2）	蓝色	3（0）	1（0）	2（0）			80	6
	白色	3（0）	1（0）	2（0）			30	6

所以：床次（1）1/8+2/10+3/12+3/14+1/16=10 件，黄、蓝、白色分别拉 60 层、120 层、80 层。

床次（2）3/8+1/10+2/12=6 件，蓝、白色分别拉 80 层、30 层。

二、排料质量管理

排料又称排唛架、排版，是将制订的裁剪方案予以实施的生产过程。排料质量的好坏关系到节约用料的程度和裁片规格、轮廓的质量好坏。目前服装排料方法有手工排料和计算机排料（见图 3—1）两种。

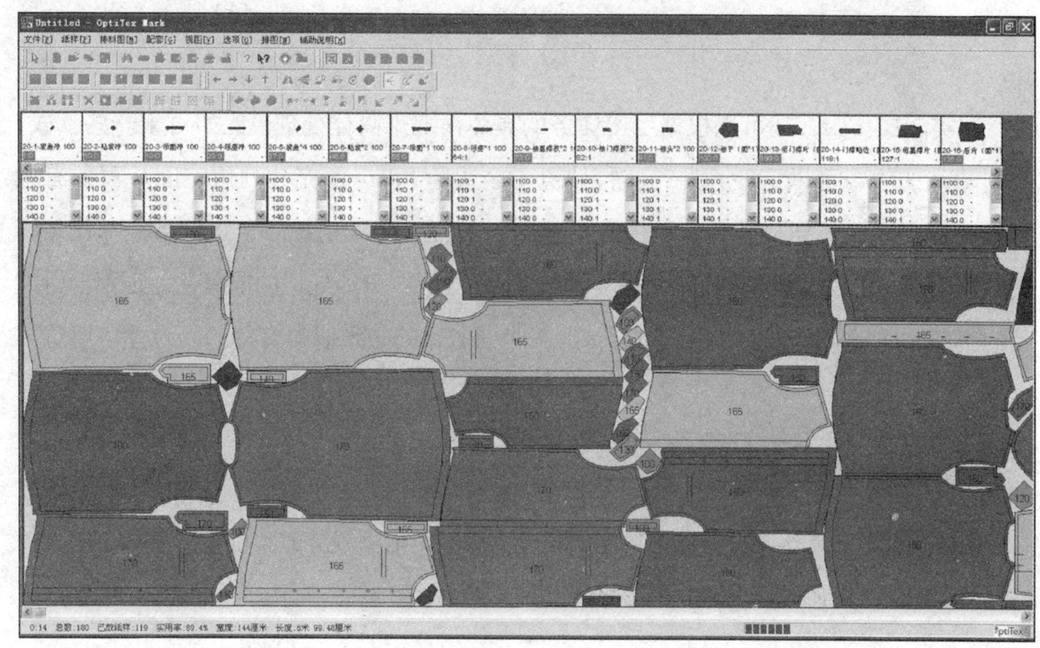

图 3—1　计算机排料

手工排料应该注意以下几点：

1. 复查相关样板，重点核查样板标注是否清晰正确、数量是否完整、有无破损。
2. 排料图的宽度必须与相应的材料幅宽相适应，以防“裁空”或浪费材料。
3. “零安全边际”，排料应紧密套排，不留空隙。
4. 零旋转，布纹方向与材料保持一致。
5. 排料须符合材料特性的要求，尤其小心绒面材料，应同向进行排料。
6. 禁止出现“同一顺”。

知识链接

“同一顺”是服装企业术语，指由于排料的失误，造成一件服装的左右裁片成了同一面的裁片，实际上只有两片左片或两片右片，从而导致服装严重的质量缺陷。要解决此问题，则需要补裁另一半裁片，从而造成生产成本的增加。

为了避免“同一顺”，检查排料图时可以分左右片复查，尤其是上衣的左右片、男西裤的左右腰头等要特别注意。

7. 划样时须注意纸样轮廓的准确和圆顺，刀口尤其要准确无误。

排料图（又称唛架图）完成后必须检查。检查排料图最好是按照一定的顺序（如从大片到小片等）进行核对，逐一打钩清点，避免漏排。如果采用计算机排料，计算机会自动显示，无须人工清点。

在实际操作中，还可以根据生产任务的具体情况来具体处理。比如对于一些款式，个别裁片的边缘可以重叠一些，实行“负安全边际”，以便充分利用空间。再如有些时候可适当地旋转摆放裁片，以便节省用料；甚至在特殊情况下，可把特定部位（腰头、挂面等）的裁片进行切割处理等。但应注意，所有灵活处理的前提是保证不会对产品的生产、质量档次产生影响，如果是加工类任务，则必须取得客户的同意才可以这样操作。

三、铺料质量管理

铺料又称拉布、跑料，指以排料图的长度为基准，依据裁剪方案确定的层数，把有关材料按照相关工艺质量要求铺放在裁剪台上的工艺，如图 3—2 所示。

图 3—2　铺料

根据各企业生产条件、服装款式及面料特点不同，铺料方法一般有以下四种：

1. 单向铺料法

单向铺料法是指将各层面料的正面全部朝向一个方向（一般向下），每层面料之间要剪开，每层面料从起点铺起的铺料方法。单向铺料法适用于具有方向性的面料、对条对格的面料和服装衣片左右两边对称的情况。由于沿一个方向展开面料，每层面料之间要断开，故单向铺料法效率较低，易造成材料的浪费。

2. 双向铺料法

双向铺料法是指在一层面料铺到头后，折回再铺的铺料方法。面料这样一正一反展开，形成各层之间面与面相对、里与里相对的状态。由于双向铺料法每层之间的折叠处不需要剪开，因此该方法省工时，效率高，但易产生段色差。双向铺料法适用于无花纹的素色衣料、无规则花型图案的衣料以及裁片和零部件对称的产品。

3. 翻身对合铺料法

翻身对合铺料法是指一层面料铺到头时，将衣料冲断，翻转 180°，退到出发点再铺放的铺料方法。该铺料法面料正面与正面相对，反面与反面相对，而且上下层面料的方向一致。由于面料翻身对合，因此缝制工序取片方便，但容易出现段色差，铺料操作麻烦，且易造成材料浪费。翻身对合铺料法适用于需要对条对格的面料、有倒顺图案和不对称条格的面料。

4. 双幅对折铺料法

对于幅宽在 144 ～ 152 cm 之间的毛呢面料，双幅对折正面朝里进行铺料，可使对条对格比较容易和准确。双幅对折铺料法适合于小批量裁剪，但不宜套排。

铺料工艺对材料的使用、缝制生产乃至成衣质量都有很大影响。为了保证铺料工艺的质量，应注意以下几点：

（1）材料正反面的摆放应符合既定铺料方式的要求。

（2）材料一侧布边要垂直对齐，头尾对齐。

（3）材料表面要平整，不能存在“拉力应变”，造成裁片变形、变小。

（4）倒顺毛、花型图案类材料要注意方向，避免出现“阴阳面”、方向错乱的现象；条格料要注意对条格。

知识链接

“阴阳面”是指由于灯芯绒、法兰绒等面料表面的绒毛具有统一的倒向，如果同一件服装裁片方向不统一，在光线的照射下就会形成明显不同的亮面和暗面。

为了避免出现“阴阳面”，绒毛类面料应该单一方向排料裁剪。当然，特殊设计的除外。

（5）为了方便核查铺料层数，可每 50 层面料垫纸条隔开。

（6）在利用余料时，材料的衔接要确保不裁空，不能存在明显的色差。

（7）一般在面料长度方向头尾处各多出 1 cm（里料多出 1.5 cm），以避免裁空。

四、裁剪质量管理

裁剪的任务是根据排料图上所划出的服装件数进行裁剪。裁剪工艺担负着重大责任，因此裁剪环节中的产量、质量控制尤为重要。开裁前要认真检查将要裁剪的面料，核对面料规格和排料图纸宽度是否一致，同时检查裁剪设备的刀口、电源是否处于正常状态。

裁剪方式包括电剪刀裁剪（见图 3—3）、自动裁床裁剪（见图 3—4）和激光裁剪（见图 3—5）三种。

图 3—3　电剪刀裁剪

图 3—4　自动裁床裁剪

图 3—5　激光裁剪

在实施裁剪时，企业为了保证生产顺利进行，控制成本，减少换片，通常采取严格的措施来检查裁剪环节的工作。表 3—1 是常用的裁剪工艺控制表。

表 3—1　裁剪工艺控制表

编号：　　　　　　　　　　　　　　　　　　　　　　　　日期：　　　年　　月　　日

检验员：					款号：					编号：		
检验日期												
裁剪批号												
检查项目	布面平整											
	布边对齐											
	头尾对齐											
	拉力应变											
	材料疵病											
	材料方向											
	对条格											
	层数											
	裁剪偏刀											
检验结论												
主管审核												
备 注												

填表人：　　　　　　　　　审核人：

注：表格里的内容可根据本企业生产情况调整。

五、分扎和对色质量管理

裁剪结束后要对裁片进行对色。色差是服装生产一大忌，生产中应避免有色差的裁片组合成一件服装成品（特殊设计的除外）。裁剪部门要对裁片进行色差检验，发现后及时挑出并进行更换。

分扎也是裁剪部门的后期工作。对裁片分类分扎（见图 3—6）时要注意：

1. 每扎裁片数量要准确，如有遗漏就必须补裁。一般地，可以一打（12 件）、半打（6 件）捆成一扎或 5 件、10 件、15 件捆成一扎。

2. 每扎裁片里应是同一尺码、同一颜色、同一批次产品的裁片，切忌混合捆扎。

3. 一件成衣的裁片应来自同一层材料。裁片编号有层数，分扎时注意每扎编号应统一。

4. 相应的配料（如拉链、衬布、商标等）应与裁片放在同一扎里。

图 3—6 裁片对色分扎

六、裁片质量管理

裁片质量管理由裁剪部门负责。在裁片流出裁剪部门进入下一个工作环节之前，需要对裁片进行检验，又称验片。对裁片的检验主要包括裁剪质量、材料疵病及分扎情况，具体内容包括以下方面：

1. 用样板校对各裁片的规格、轮廓形状是否准确。如有差异，则要看是否超出国家标准规定或客户的要求。如有裁片边缘切口毛糙，应修剪圆顺。

2. 检查上下层是否有偏刀现象，程度是否严重。

3. 用样板核对刀口、定位标志位置是否准确和完整，有无熔化损伤的现象。

4. 用样板检查对条格是否准确。

5. 查看裁片是否有色差、疵点、抽纱、走纱、破洞等品质问题，有则视裁片对应的服装部位确定处理方式，如进行裁片修补（见图 3—7）。

6. 捆扎的裁片是否是同一尺码，各部位的裁片规格是否相符。

7. 捆扎的裁片是否是同一颜色，有无色差。

8. 每捆扎的编号是否清晰完整，有无漏编、重编、错编，捆扎是否牢固。

9. 检查裁片的切口有无熔化现象。有些熔点较低的合成纤维混纺织物在裁剪过程中因热量过高而发生切口熔化现象，影响后期缝制加工甚至影响产品服用性能。

可应用表 3—2 对裁片工艺检验进行统计，参考表 3—3 对裁片质量进行研究分析与纠正。

图 3—7　裁片修补

表 3—2　裁剪工艺检验表

编号：　　　　　　　　　　　　　　　　　　　　日期：　　年　　月　　日

检验日期												
裁剪批次												
检查项目	裁片轮廓											
	裁片边缘											
	刀口											
	定位标志											
	偏刀											
	材料疵病											
	对条格											
	色差											
	捆扎情况											
检验捆扎数												
检验结论	合格											
	不合格											
主管审核												
备 注												

填表人：　　　　　　　　　　　　　　　　审核人：

注：可以用“√”（表示合格）、“×”（表示不合格）在表格相应位置做标志。

表 3—3　裁片质量的分析与纠正表

名称	分析产生原因	纠正方法
左右裁片不对称	划片不准	修片、缝制时灵活剪顺
	裁剪时推刀不准	用样板修片
边缘刀口毛糙	裁工把刀不稳，推刀不顺直	用样板修顺、净样板辅助
对条格有偏差	排料定位不准	缝制时调整缝份对好
	排料时没考虑对位	重裁调换
裁片色差	材料色差	配色调换
	上下层编号颠倒	复原重编
	编号时错编、漏编、重编	检查重编
	配裁零部件色差	重裁调换
刀口、钻眼不准	未按规定，刀口偏离	做好标记，缝制时调整
	钻眼机定位偏斜	用样板重新定位

注：表内只列出常见裁片质量项目，可按需增减。

第二节　缝制工程质量管理

裁剪出来的裁片经过许多道缝制加工工序才能组成服装成品，因此缝制加工的质量直接关系到成品的质量。为了获得优良的成衣质量，必须完善缝制环节中相关工艺的操作标准和质量要求，把质量管理工作细化，强化岗位责任，加强工序质量控制。缝制工程质量管理由缝制车间和质检部门负责。

一、粘衬工艺质量管理

一些裁片在缝合加工之前，常常需要粘衬（见图 3—8）以加强裁片的可缝性能和塑型效果。

温度、压力、时间是粘衬的三个技术参数。从工艺上来说，选择合适的工艺参数很重要，大货生产前往往需要通过试验来测定相关的技术参数，不能单看材料附带的规格参数指标。一般在制作样衣时应该确定粘衬技术参数，并检验效果，改善大货的参数标准，以确保粘合质量。

图 3—8 粘衬

从质量控制角度来讲，粘衬时要注意以下几点：

1. 剥离强度要符合要求，有效粘合面积在 95% 以上。

2. 粘合织物缩率小于 1%。

3. 耐水洗、干洗，经一定次数洗后不起泡不脱胶，外观评定不低于四级。

4. 外观上表面平整、不硬化，手感良好。切忌粘衬后导致材料性能发生变化，也不能出现渗胶起“白斑”的现象。

5. 正反面正确，衬料有胶粒面应和材料的反面相粘合，布纹方向准确。

6. 衬片应比布片稍小，一般比布片偏小 0.3 cm，避免污染台面影响后续粘合作业。

二、缝制质量管理

1. 缝制工程方案制订

缝制工程是指选择适当的工艺、设备和流水生产方式进行批量服装加工的生产过程，是服装工业化生产的重要组成部分。确定缝制工艺、设备和流水生产方式、质量评定是缝制工程方案制订的主要任务。

2. 工序流程质量管理

好的服装生产工序流程的设计与执行对成衣生产的顺利进行、减少返工率、提高服装品质有着重要意义。一般企业在样衣制作阶段已制订服装生产工序流程。

企业根据自身生产管理水平、员工操作技能、设备性能、场地空间以及所生产的服装产品等因素选择适合的生产流水线形式，如图 3—9 所示。生产流水线分为强制性节拍流

水线、粗略节拍流水线和自由节拍流水线。

图 3—9 服装企业生产流水线形式

从质量控制角度来讲，工序流程的设计要考虑：

（1）加工工序顺序的合理性。

（2）采用线迹、缝型符合款式特点和工艺要求。

（3）部件（支线）与衣身（主干线）的工序配合要合理。

（4）对于难度大而且容易出问题的部件工序要设置部件检验工序。

（5）流程最后必须设置成品检验工序。

检验工序作业应由质检部门人员负责，不宜由缝制部门人员负责。

知识链接

一、流水作业

流水作业组成了流水线。流水作业是指企业生产的同一产品，按工艺规程规定的速度和路线，一件接一件地、按一定的生产节拍流水般地经过所有工序而完成的生产过程。

二、节拍

节拍是指在某件产品的生产活动中，每个作业员应该完成作业的时间。

节拍＝某件产品总加工时间（s）/ 作业员人数

强制性节拍流水线：每道工序严格按照规定的节拍时间完成自己承担的加工任务，要求每道工序必须达到节拍同步化。组织强制性节拍流水线的必要条件之一是采用机械化传动装置，严格按照规定时间传递加工对象。

粗略节拍流水线：生产过程的节奏时快时慢，会造成停放与等待现象。目前，我国服装成衣化生产多采用粗略节拍流水线形式。

自由节拍流水线：各道工序不规定节拍时间，只规定在一定时间内完成一定的产量。这种形式适用于需要高度集中精力从事的生产，如婚纱礼服的生产。

3. 首件产品鉴定

在批量生产开始后，应该对首件或首两件产品进行工序检验。“万事开头难”，只有把开头的生产抓好才能顺利进行大货生产，降低返工率。新产品尤其要注重首件产品的鉴定。首件产品的鉴定内容可参见表3—4。

表3—4　首件产品鉴定表

编号：　　　　　　　　　　　　　　　　　　　　　　　　日期：　　年　　月　　日

<table>
<tr><td colspan="2">品 名</td><td></td><td>合约号</td><td></td><td>款式</td><td></td><td>合约数</td><td></td></tr>
<tr><td rowspan="4">产品规格</td><td>衣长</td><td></td><td>领大</td><td></td><td>胸围</td><td></td><td>肩宽</td><td></td></tr>
<tr><td>袖长</td><td></td><td>袖口</td><td></td><td></td><td></td><td></td><td></td></tr>
<tr><td>裤 / 裙长</td><td></td><td>腰围</td><td></td><td>臀围</td><td></td><td>上裆</td><td></td></tr>
<tr><td>裤口</td><td></td><td>腰头宽</td><td></td><td></td><td></td><td></td><td></td></tr>
<tr><td>缝制与整理</td><td colspan="8"></td></tr>
<tr><td>鉴定评语</td><td colspan="8"></td></tr>
<tr><td colspan="2">鉴定人员</td><td colspan="5"></td><td>鉴定组长</td><td></td></tr>
</table>

注：“产品规格”里部位的内容可按需修改。

4. 缝制加工中的质量管理

（1）加工工艺核查

检查实际生产过程是否能按照规定的工艺流程、工艺设备及工艺方法进行。

（2）在制品、半成品质量控制

服装缝制过程中设置检验，称为中间检验，如图 3—10 所示。在生产流程中合理设置中间检验环节，不仅能大大减少返修劳动量，同时能及早找出质量问题的根源，控制不合格产品的产生。

在制品、半成品质量控制的主要内容包括：所使用的辅料（如缝线、绳带、扣合件、填充料及衬料）是否与规定相符；缝制质量是否符合工艺技术要求，如缝迹整齐与否、各部位对条对格是否在要求范围内等；中间整烫质量是否符合要求，如分开缝是否熨烫到位且平挺、归拔是否到位等；商标、规格标志及成分与洗涤标志等是否钉准、钉牢；部位尺寸及半成品尺寸的误差是否在允差范围内；产品是否整洁，无油污、水渍、浆点、擦伤等。

图 3—10 服装缝制中的检验

思考与练习

1. 服装裁剪工艺的主要内容有哪些？
2. 服装排料时需要注意哪些方面？
3. 服装铺料有哪些方法？每个方法有何优缺点以及适用于哪些面料？
4. 有一张订单的资料如下：

尺码：8 10 12 14 16

数量：200 300 500 400 300（件）

要求：每床最多可拉 100 层，每张排料图最多可排 6 件。

试求：最佳的裁剪方案。

5. 从服装质量控制角度来讲，粘衬时要注意哪几点？
6. 从服装质量控制角度来讲，服装工序流程的设计要考虑哪些方面？

第四章
服装产后质量管理

服装生产后期的质量管理主要指服装锁眼、钉扣，整烫，去污整理和线头清理，以及服装折叠包装方面的质量管理。服装产后环节的质量管理水平直接决定着服装成品数量和质量。

学习目标

1. 能够归纳服装锁眼、钉扣环节的质量管理内容。

2. 掌握服装整烫的四个工艺参数，能够归纳服装整烫环节的质量管理内容。

3. 掌握服装成品上常见的污渍种类、产生原因及去除方法。

4. 掌握服装成品中线头的种类及清理方法。

5. 掌握服装包装的主要形式和服装包装流程，能够归纳服装包装环节的质量管理内容。

第一节　服装后整理质量管理

服装后整理是保证服装成品质量的重要环节，具体是指锁眼钉扣、整烫整理、去污整理和线头整理。每个环节都要有相应的质量控制点，负责管理相应流程的产品质量。

一、锁眼、钉扣环节质量管理

服装生产中的锁眼和钉扣通常由机器加工而成。扣眼根据其形状分为平头扣眼和圆头扣眼两种。平头扣眼普遍用在衬衣、裙、裤等薄型衣料的产品上。圆头扣眼多用在上衣、西装等厚型面料的外衣上。

为了保证锁眼、钉扣环节（见图 4—1）的质量，应注意以下几点：

1. 锁眼、钉扣线的性能、颜色是否与面料相匹配。

2. 扣眼位置是否正确，扣眼间距是否与工艺要求一致，扣眼大小与纽扣大小及厚度是否配套。

3. 锁眼的针迹密度是否符合标准要求。

4. 纽扣的缝制是否与扣眼的位置相对应，扣上后服装是否平服。

5. 钉扣是否牢固、耐用，不能出现芯柱开花、打歪、转动、破洞等不良现象。

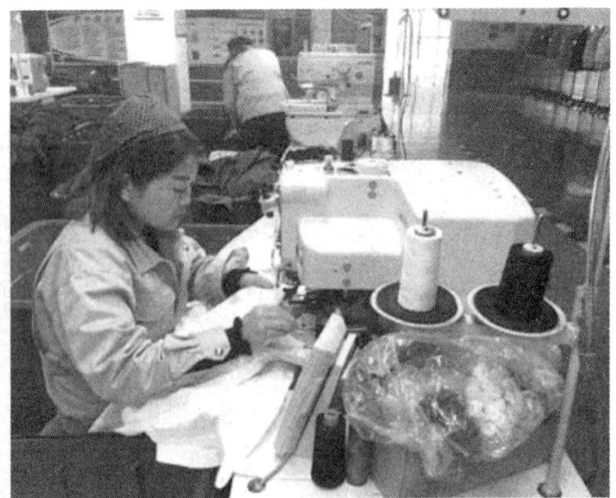

图 4—1　锁眼、钉扣环节

二、整烫环节质量管理

俗话说，“三分做七分烫”，这充分说明整烫在服装生产中的地位。整烫包括中烫和大烫。缝制过程中的熨烫工序，可称为中烫，如图4—2所示。中烫用于整理裁片、扣烫、分缝、归拔等，对服装部件进行处理以便进一步加工服装。大烫是指缝制完成后对服装产品进行全方位的熨烫整理，如图4—3所示。整烫是服装加工工艺中非常重要的一个环节，它既可以塑造服装成衣的立体效果，又可以在一定程度上弥补缝制工艺中的缺陷。

图4—2　整烫（中烫）

图4—3　整烫（大烫）

1. 影响整烫效果的工艺参数

在整烫工艺中要注意控制好温度、湿度、压力和时间。只有合理选择了以上四个工艺参数，才能保证整烫工艺的质量。

（1）温度

温度过低，塑型效果不理想；温度过高，则容易使面料焦化、炭化，对面料造成不可逆转的破坏。

（2）湿度

在整烫过程中一般会给面料施予一定量的水分，这样做的目的：一是传导热量，改善区域热能分布；二是减少摩擦，提高织物纤维的滑动力，便于塑型。有些面料（如羊毛织物）导热性差，熨烫时面料的热量分布不均，影响整烫效果或损伤面料，因此，整烫此类织物的服装时必须通过喷蒸汽或垫湿布来施予水分。而有些化学纤维织物则不能施加水分或只能施加少量水分，否则容易起皱。

（3）压力

整烫可使织物纤维重新排列以达到织物变形的外观效果，可以通过施加不同方向、大小的外力使织物纤维按照一定形态重新排列，达到整烫塑型的目的。

（4）时间

整烫工艺的时间包括升温时间、粘合时间和冷却固着时间，这里主要指升温时间和粘合时间。整烫工艺时间的长短与织物的厚薄、温度的高低有关，织物较厚而且熨烫温度稍低的，可适当延长整烫时间，反之可缩短。

2. 整烫环节质量控制内容

服装企业一般从以下两个方面检验整烫工艺的质量：

（1）熨烫外观是否平挺或符合设计要求。

（2）有无烫黄、烫焦、变硬、水花、亮光、渗胶等现象。

知识链接

常见服装的整烫程序和质量标准

一、衬衫

1. 衬衫的整烫程序

左右前襟贴边→衣领→左右袖子、袖口→肩部→后身→左前身→右前身。

2. 衬衫整烫的质量标准

（1）衣领平整、挺括，整个衣领呈圆形，后领烫死。

（2）两肩平服。

（3）袖口呈圆形，不起褶皱，袖口纽扣部位不留印痕。

（4）衣袖沿腋下部位接缝处烫平整。

（5）前襟贴边整齐挺直，纽扣部位不留印痕。

（6）前后身挺括、平整。

二、西裤

1. 西裤的整烫程序

里衬→劈缝→口袋→左前腰→右前腰→四条裤线→前烫迹线→裤脚。

2. 西裤整烫的质量标准

（1）表面平整，烫迹分明，无袋印。

（2）前烫迹线自然与褶裥相连。

（3）前后四条烫迹中线自然垂直挺括。

（4）裤脚平整无曲折。

（5）后袋盖不留印痕。

三、西服

1. 西服的整烫程序

领子正反面→前身衬里→左前肩部→左后肩部→右前肩部→右后肩部→左前身→左侧身→右前身→右侧身→后身衬里→后身→小翻领→左右袖。

2. 西服整烫的质量标准

（1）衣领内外平整，领部翻转后要盖着接缝成自然定型，领子左右两边不能压死成自然分边。

（2）左右肩部自然成型，垫肩烫平，与袖子的拼缝处没有曲折感。

（3）前胸部与背部自然平整，不留纽扣印痕。

（4）口袋面不留袋盖印痕。

（5）袖子烫成圆形，袖口贴边平服，纽扣边平直整齐，袖后缝自袖口起 10 cm 起缝烫直。

（6）衣服里衬保持平整，不留皱褶。

（7）整件衣服外表自然平服，不留任何皱褶。

（8）整件衣服无极光。

三、去污整理环节质量管理

服装成品生产要经过多道生产工序，因此很难完全避免沾染污渍。服装成品常见污渍种类、产生原因及去除方法见表4—1。

表4—1 服装成品常见污渍种类、产生原因及去除方法

污渍名称	产生原因	去除方法
机油渍	加工设备的润滑油污染	用汽油、二氯乙烯、苯等有机化学溶剂刷洗
铁锈渍	加工设备机件生锈	蛋白质纤维织物用草酸和柠檬酸的混合水溶液稍加热后刷洗，纤维素纤维织物用食盐和醋酸的混合液刷洗，然后用清水漂洗
霉斑	原材料或成品受潮	新霉斑用热的肥皂液刷洗；旧霉斑可用氨水洗涤，然后涂上高锰酸钾，最后用亚硫酸氢钠溶液洗涤
胶水渍	粘贴标签不慎	温水润湿，再滴几滴10%的氨水刷洗，然后用水清洗
铅笔渍	划样时使用铅笔或样板摩擦	用橡皮擦，再用肥皂洗
圆珠笔渍	划样时使用圆珠笔或样板摩擦	温水浸泡后，用香蕉水和四氯化碳的等量溶液揩洗，然后用清水漂洗
汗渍	加工中操作人员出汗污染	蛋白质纤维织物用柠檬酸或1%的盐酸洗涤，再用清水漂洗
粉迹	裁剪或缝制过程中划样遗留在面料表面	先弹抖，用湿布擦拭，如无法去除干净，再用清水漂洗

四、线头清理环节质量管理

服装成品上的线头分死线头和活线头两种。死线头是指缝制开始和结束时未剪掉的留在服装上的缝纫线线头，活线头是指生产过程中粘在服装上的缝纫线线头和衣片边缘滑脱下来的面料经纬纱线头。这些留在或粘在服装上的线头，如果不处理干净会影响服装的质量，严重时会造成大量返工而影响生产进度和经济效益。

工厂中常见的线头处理方法有以下几种：

1. 手工清除

手工清除线头是线头处理最原始的方法，如图4—4所示。这种方法费力费时，特别是在产生静电时更难操作，此时可以借用宽大的透明胶粘除。

2. 用自动剪线器清除

有的缝纫设备备有自动剪线器，或者可以在普通缝纫机上安装自动剪线器，便于随时剪去缝纫过程中的线头。

图 4—4　手工清除线头

3. 用烧毛机或吸线头机清除

对于牛仔等纤维较粗的服装可使用烧毛机清除线头，一般的面料可使用吸线头机来清除线头。

第二节　服装包装质量管理

当今市场中产品能否赢得消费者，不仅取决于产品本身，还取决于产品的包装，包装在销售过程中的作用日趋增强。因此，选择合适的包装形式、控制好包装质量也是现代服装生产的重要环节。

一、服装包装形式

服装的包装不仅包括便于运输、方便储存的各类包装用品，还包括有利于服装销售的各种包装技术手段，如商标、色彩、图案、文字（产品介绍、使用保养标志）等。因此，组织服装产品设计生产的同时，必须组织包装用品的设计和生产。服装包装形式分为内包装和外包装两种。

1. 内包装

内包装也称销售包装、小包装，是指单件（套）服装的包装或若干件服装组成的最小包装整体。其主要功能除保护产品、促进销售外，还有利于计数和再组装。

内包装可采用纸、塑料袋、纸盒、衣架等材料。包装材料要清洁、干燥。纸包折叠要端正，包装要牢固；塑料袋、纸盒包装大小应与产品相适应，产品装入塑料袋、纸盒时要平整，松紧适宜；使用印有文字图案的塑料袋时，其颜料不得污染产品；附有衣架包装的，应端正平整；漂白、浅色类服装产品应在纸包内加入中性白衬纸，下垫白色硬纸板，以防产品弄污、变形。

小包装有时以件或套为单位装入塑料袋，有的以5件或一打（12件）为单位打成纸包或装盒。

在小包装内的成品品种、等级需一致，颜色、花型和尺码规格应符合消费者或订货者的要求，通常有独色独码、独色混码、混色独码、混色混码等多种形式。在包装的明显部位要注明厂名（国名）、品名、货号、规格、色别、数量及生产日期等。对于外销产品或部分内销产品，有时还需注明纤维原料名称、纱线密度、混纺比例、产品使用说明等。

2. 外包装

外包装也叫运输包装、大包装，是指在商品的销售包装或内包装外再增加的一层包装。外包装的主要作用是保障商品在流通过程中的安全，便于商品装卸、运输、储存和保管，提高商品的叠码承载能力，加速商品的交接、点验等。

较常用的外包装为纸箱材料，如图4—5所示。瓦楞纸箱的技术要求应符合国家标准有关规定。纸箱内应衬垫具有保护产品作用的防潮材料；箱内装货要平整，勿使包装变形；纸箱盖、底封口应严密、牢固；封箱纸应贴正、贴平；内外包装大小适宜；箱外可用捆扎带等捆扎结实，卡扣牢固。

为防止纸箱在运输和仓储过程中发霉、风化、变质，在包装材料外部要涂防潮油。

其他包装形式还有木箱包装以及编织袋包装，如图4—6、图4—7所示。

图4—5 纸箱包装

图4—6 木箱包装

图4—7 编织袋包装

箱外常要印刷产品的唛头，唛头的内容包括货号、箱号、品名、号型、色别、等级、数量、生产单位、出厂日期和产品所执行标准的代号、编号、标准名称以及重量（毛重、净重）、体积（长、宽、高）等，以方便统计、装运。

服装包装形式的确定，既要依据生产、销售和消费者的要求，又要考虑产品的种类、档次、运输条件等。如针织内衣不怕压，内包装可采用塑料袋包装，外包装可采用纸箱、木箱或打麻包；高档西服、大衣则可采用立体包装，以免服装在储存、运输过程中产生褶皱和变形；羽绒服、棉衣等可采用真空包装，以便减少装运体积和重量。

知识链接

一、真空包装

真空包装是将服装去湿后装入塑料袋内，进行压缩，并抽真空，然后将袋口粘合。

由于真空状态下服装含湿量很低，因此服装虽然经过压缩，但并不易起折痕。真空包装具有减少成衣体积和重量、防止服装在装运过程中沾污等优点，因此，特别适合内衣、羽绒类服装的包装。

二、立体包装

服装制成后，经整烫定型，造型美观、立体感强，但经包装、运输后大部分会出现褶皱现象。为保持服装良好的外观，可采用立体包装的方法。

立体包装（又称挂装）是将衣服挂在衣架上，外罩塑料袋，再吊在包装箱内，也可将衣服直接挂在集装箱内。西装、大衣、棉衣等均可采用立体包装。

二、服装包装流程

通常，服装包装环节的主要任务为挂服装吊牌（包括主牌和副牌）（见图4—8），再按照要求折叠（见图4—9）、灌装（见图4—10），最后分颜色分尺码堆放装箱（见图4—11）。

图4—8　挂主牌、副牌

图4—9　折叠

图 4—10　灌装

图 4—11　分色分码装箱

三、服装包装管理

为确保服装包装环节的质量，应注意以下几点：

1. 包装规格、质量、方法等应按照客户要求或者生产技术文件的规定执行。
2. 包装应保持服装整烫后的外观。
3. 包装应防止成品在流通和销售中损伤。
4. 包装材料应满足环保要求。

思考与练习

1. 服装锁眼、钉扣时要注意哪几点？
2. 服装整烫工艺有哪四个要素？在整烫过程中，如何控制好这四个要素？
3. 服装包装有哪些方式及要求？
4. 从产品包装质量控制角度来讲，服装包装时要注意哪几点？

第五章
服装成品质量管理

服装成品质量管理是服装质量控制的最终环节，它是对服装成品外观质量和内在质量的综合管理。因此，服装成品质量管理应具有一定的检验标准、规则及结果判定方法，同时不同种类的服装成品也应有各自相对应的质量检验标准。

学习目标

1. 掌握服装成品检验的规则。

2. 学会运用服装检验依据制订服装抽样方案。

3. 掌握衬衫、西裤、西服的检验操作流程，能够根据质量检验判定方法，比较检验结果与接受数和拒绝数的关系，最终形成检验结果。

第一节　服装成品检验概述

评价一件服装成品是否符合相应的质量标准，需要从多方面进行检验，如该成品的品质、规格、性能、数量等。服装成品检验项目可以分为包装检验、外观质量检验、规格检验、缝制质量检验等，各类检验又包含不同的依据和指标。

一、服装成品检验规则

服装成品检验规则是指对服装产品进行各项检验和试验的具体规定。

1. 检验依据

由于产品品种不同，其加工工序和结构工艺也有所不同，因此各类服装的成品应该依据各自相应的成品标准或按标准制定的检验规程进行检验，并与最新的国家标准、行业标准和经备案的企业标准相统一。例如，衬衫按照 GB/T 2660—2017《衬衫》执行检验，西裤按照 GB/T 2666—2017《西裤》执行检验，男西服按照 GB/T 2664—2017《男西服、大衣》执行检验。如果是出口产品，则按照供求双方签署的合同或协议中的质量验收规定进行检验。

2. 检验方法

企业在生产过程中，对成品服装的检验大都采取全数检验的方法，只有在出厂时采取抽样检验的方法。抽样检验是指从总体样品中按比例抽取部分样品进行检验，并通过该检验结果推测总体样品具有哪些质量特征，从而判断该批产品是否合格，属于何类质量等级。

（1）抽样方法

抽样方法有随机抽样和系统抽样两种。随机抽样是在一批产品中任意选取所需要的数量；系统抽样是按照产品生产时间或数量间隔来抽取样品。例如：从 100 件产品中抽取 5 件样品，如果按照生产标号任意选取 13 号、14 号、58 号、91 号、100 号，这就是随机抽样；如果按照每 20 个数量间隔任意选取 3 号，则五个样品标号为 3 号、23 号、43 号、63 号、83 号，这就是系统抽样。

（2）抽样数量

抽样数量的确定随产品品种、批量及产品档次的不同而有所不同，但总的来说，一般按照成品总数量的 10% 抽取样品，其数量必须大于 FZ / T 80004—2014《服装成品出厂检验规则》中规定的抽样数；如果小于该标准规定的抽样数，则应适当提高抽取样品的百分比，直至满足抽验数量。

二、检验结果判定

完成成品检验后，依据一定的判定规则对该检验结果进行评定，包括成品质量缺陷判定、成品质量等级判定以及判定为不合格产品后的重新抽样等。

1. 成品质量缺陷判定规则

单件产品不符合各自相应标准所规定的技术要求即构成缺陷。一般情况下，按照对成品使用性能、外观的影响程度将质量缺陷分为三类：

（1）严重缺陷：严重降低成品的使用性能，严重影响产品外观的缺陷。

（2）重缺陷：不严重降低产品的使用性能，不严重影响产品外观，但较严重不符合标准要求的缺陷。

（3）轻缺陷：不符合标准要求，但对产品的使用性能和外观影响较小的缺陷。

同时，不同种类的服装产品，其质量缺陷的判定依据也有所不同，需要参考相应的产品标准规定来执行判定。

2. 成品质量等级判定规则

成品质量等级判定以缺陷是否存在及其轻重程度为依据，单件成品质量等级按照其缺陷数量和轻重程度来划分，批量成品质量等级按照其抽取样品中各单件成品的品级数量划分。

（1）单件（样本）判定

不同种类的服装产品，其等级限定允许存在缺陷的具体数量不同，可参照服装工业标准中相应服装种类的单件成品外观质量判定规则。如人造毛皮服装成品，其单件成品外观质量判定规则（依据 FZ / T 81009—2014《人造毛皮服装》）见表 5—1。

表 5—1　单件毛皮服装成品外观质量判定规则

缺陷程度 / 等次	严重缺陷数	重缺陷数	轻缺陷数
优等品	0	0	≤4
一等品	0	0	≤7
	0	≤1	≤3
合格品	0	0	≤8
	0	≤1	≤6

（2）批量判定

虽然不同种类服装成品的单件判定规则有所不同，但其批量成品的等级判定规则是相同的，具体规定见表5—2。

表5—2　批量成品等级判定规则

单件样品等级数 / 等批	优等品数	一等品数	合格品数	不合格品数
优等品批	≥90%	≤10%	—	—
一等品批	—	≥90%	≤10%	—
合格品批	—	—	≥90%	≤10%

（3）抽样中各批量判定数

1）抽样中各批量判定数若符合标准规定，则该批成品作为判定合格的等级品批出厂。

2）若抽样中各批量判定数不符合标准规定，则应进行第二次抽验，且抽验数量应增加一倍。

3）如第二次抽检结果仍不符合标准规定，则该批成品应全部整修或降等。

第二节　衬衫成品检验

衬衫是人们经常贴身穿着的服装种类之一，一般是指同西装或套裙穿着、支撑领带、起衬托作用的配服（尤指男装）。

在衬衫成品质量检验中，重点检验服装疵点、尺寸和包装质量三大方面。其中，服装疵点包含服装面辅料疵点、外观疵点、缝制疵点、包装疵点等；服装尺寸检验是成品质量检验的重点内容；服装包装检验包括外包装检验、内包装检验和装箱检验。

一、检验操作程序

检验时应把衬衫衣领向上平放在检验台上，如果是折叠装衬衫，首先要检验衬衫的折叠外观，然后按照检验操作程序逐项进行检验。

衬衫成品检验的具体操作程序见表5—3。

表 5—3　衬衫成品检验操作程序

序号	部位名称	动作过程	检查内容
1	折叠外观	目测或用尺测量，对照包装	（1）折叠应端正、无歪斜。商标、尺码标位置应端正、准确 （2）领窝圆顺、大小对称，领底不外露。熨烫平服
2	领子	（1）目测并对照包装 （2）把衬衫打开，左右领子对合相比 （3）领子对折在领窝处相比	（1）领面应平服、松紧适宜，无起泡、渗胶。明线顺直，无跳针、接线，止口无反吐 （2）领尖无断尖，领豁口大小适宜 （3）领子大小一致，领头圆顺对称，线路整齐，止口无反吐，领底无起绺 （4）绱领子定位准确，无偏斜
3	门襟	（1）目测并用尺测量 （2）用手检查每粒纽扣 （3）打开纽扣，门襟对合相比	（1）门襟应平服，松紧适宜，宽窄一致 （2）线路顺直，双明线宽窄一致，无接线、断线 （3）锁眼间距应均匀，无漏针、断线，开刀利落，无毛线 （4）扣位与眼位相符 （5）纽扣要牢固，纽扣大小一致，无残扣。门、里襟长短应一致
4	前身（先左后右）	（1）目测并用尺测量 （2）打开纽扣左右身对合，门襟下口与侧缝对齐	（1）过肩：线路顺直，松紧适宜 （2）口袋：位置端正，线路顺直，封口大小一致，牢固 （3）底摆：折边宽窄一致、线路顺直，熨烫平服，无倒翘。直底摆应顺直，圆底摆圆度一致
5	袖子（先左后右）	目测： （1）两袖从袖山对准并齐相比 （2）两袖口对齐对比	（1）上袖：吃势应均匀，袖窿明显宽窄一致，松紧适宜，袖底十字缝应相对 （2）袖衩：开衩应顺直，长短、宽窄符合要求，扣位准确 （3）袖头：应圆顺或方正，形状一致，线路顺直，止口无反吐，眼与扣位相对 （4）两袖长应一致，袖口大小应一致
6	后身	将后身全部展开目测	（1）后领口：无吃纵 （2）过肩：线路顺直，松紧适宜，后褶大小、距离一致 （3）摆缝：线路顺直，松紧适宜 （4）底摆：折边宽窄一致，熨烫平服
7	衫里	把衬衫翻出里面	（1）各部位包缝线应牢固，无脱落，缝头大小一致 （2）洗涤、成分标位置准确

二、外观形制检验

1. 综合质量要求

（1）产品整洁，无线头、污迹，无烫黄、亮光、水花等影响外观的现象。

（2）熨烫平服、挺括，对称部位左右一致。折叠产品折叠端正、平挺。如果是批量生产的产品，同批产品的折叠方法和规格应一致。

（3）号型标志、洗涤标志、原料成分含量标志等耐久性标签正确、清晰，装订位置适宜。

（4）产品规格准确。

（5）面料无明显疵点，0 号部位不允许有疵点。

（6）各部位缝制牢固，缝纫线松紧适宜，线迹整齐、顺畅，0 号部位不允许跳针、接线。

（7）使用粘合衬部位无脱胶、渗胶、起泡现象。

（8）倒顺绒原料和花形、图案等有方向性的原料，应顺向一致。

2. 面料疵点检验

服装面料在面料跟单阶段已经过检验，但是在制作过程中可能会出现面料的损伤或者原有面料疵点出现在不允许的部位。因此，服装成品的面料疵点检验仍然是十分必要的。衬衫成品主要部位划分如图 5—1 所示。表 5—4 列出了衬衫常见面料疵点及成品各部位疵点允许存在的程度。

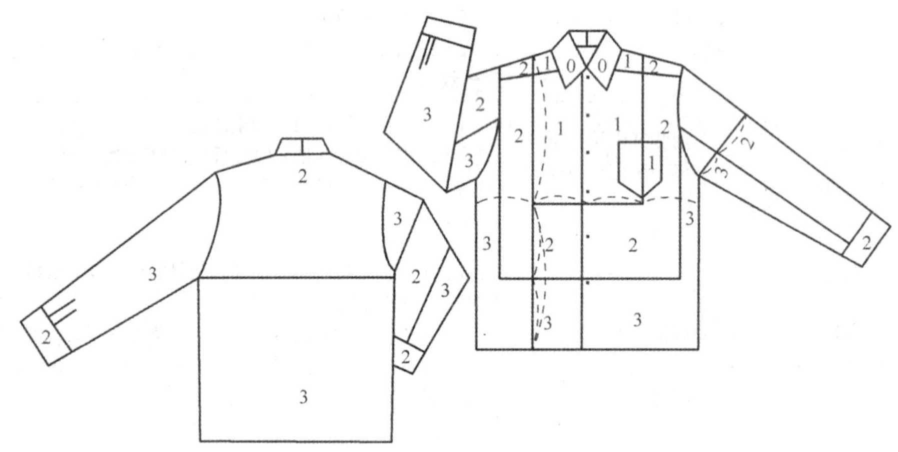

图 5—1　衬衫成品主要部位划分

表 5—4　衬衫成品面料疵点允许存在程度

疵点名称	各部位疵点允许存在程度			
	0 号部位	1 号部位	2 号部位	3 号部位
粗于一倍 粗纱 2 根	不允许	长 3.0 cm 以内	不影响外观	长不限
粗于两倍 粗纱 3 根	不允许	长 1.5 cm 以内	长 4.0 cm 以内	长 6.0 cm 以内
粗于三倍 粗纱 4 根	不允许	不允许	长 2.5 cm 以内	长 4.0 cm 以内
双经双纬	不允许	不允许	不影响外观	长不限
小跳花	不允许	2 个	6 个	不影响外观
经缩	不允许	不允许	长 4.0 cm、宽 1.0 cm 以内	不明显
纬密不均	不允许	不允许	不明显	不影响外观

续表

疵点名称	各部位疵点允许存在程度			
	0 号部位	1 号部位	2 号部位	3 号部位
颗粒状粗纱	不允许	不允许	不允许	不允许
经缩波纹	不允许	不允许	不允许	不允许
断经断纬 1 根	不允许	不允许	不允许	不允许
搔损	不允许	不允许	不允许	轻微
浅油纱	不允许	长 1.5 cm 以内	长 2.5 cm 以内	长 4.0 cm 以内
色档	不允许	不允许	轻微	不影响外观
轻微色斑（污渍）	不允许	不允许	（0.2×0.2）cm^2 以内	不影响外观

3. 色差检验

衬衫成品色差允许程度为：衣身整体无明显色差，领面、过肩、口袋、袖头面与大身色差高于 4 级，其他部位色差 4 级；衬布影响或多层面料造成的色差不低于 3 ~ 4 级。

4. 经纬纱向检验

衬衫成品前身底边（不允许倒翘）顺翘，后身、袖子的纱线允许偏斜程度见表 5—5。

表 5—5 衬衫成品经纬纱向允许偏斜程度 单位：%

项目	技术要求
色织条、格类	≤ 2.5
其他	≤ 5.0

5. 对条、对格检验

衬衫成品面料有明显条格，且宽度在 1.0 cm 及以上的，对条、对格按表 5—6 规定进行检验。

表 5—6 衬衫成品面料对条、对格规定

部位名称	对条、对格规定	备注
左右前身	条料对中心（领眼、钉纽）条、格料对格，互差≤0.3 cm	格子大小不一致时，以前身 1/3 上部为准
袋与前身	条料对条、格料对格，互差≤0.2 cm	格子大小不一致，以贴袋前部的中心为准
斜料双袋	左右对称，互差≤0.3 cm	以明显条为主（阴阳条不考核）

续表

部位名称	对条、对格规定	备注
左右领尖	条格左右对称，互差≤ 0.2 cm	阴阳条格以明显条格为主
袖头	左右袖头条格顺直，以直条对称，互差≤ 0.2 cm	以明显条格为主
后过肩	条料顺直，两头对比互差≤ 0.4 cm	—
长袖	条格顺直，以袖山为准，两袖对称，互差≤ 0.1 cm	3.0 cm 以下格料不对横，1.5 cm 以下条料不对条
短袖	条格顺直，以袖口为准，两袖对称，互差≤ 0.5 cm	2.0 cm 以下格料不对横，1.5 cm 以下条料不对条

三、缝制质量检验

缝制质量是服装质量检验的重点内容之一。虽然在服装生产中已经对服装的缝制质量进行过检验，在服装成衣检验阶段仍然要按照主要项目和标准进行缝制质量检验。衬衫类服装对缝制质量要求较高，需关注的方面较多，要重点检查：缝线的配色问题，缝制线路质量，锁眼、钉扣质量，商标、标识的车缝质量，绣花质量，对条、对格（含图案）质量等。

1. 各主要部位缝制要求

（1）各部位缝制平服，线路顺直、整齐、牢固，针迹均匀。

（2）上下线松紧适宜，无跳线、断线，起落针处应有回针。

（3）领子部位不允许跳针、接线，其他各部位 30 cm 内不得有连续跳针或一处以上单跳针，链式线迹不允许跳针。

（4）领子平服，领面、里、衬松紧适宜，领尖不反翘。

（5）袖头及口袋和衣片的缝合部位均匀、平整，无歪斜。

（6）商标和耐久性标签位置端正、平服。

（7）锁眼位置准确，大小适宜，两头封口。开眼无绽线。

（8）钉扣与眼位相对应，整齐牢固。缠脚线高低适宜，线结不外露，钉扣线不脱散。

（9）四合扣（四件扣）松紧适宜，牢固。

（10）成品中不得含有金属针或金属锐利物。

2. 针距密度要求

衬衫成品各类缝线的具体针距密度要求见表 5—7。

表 5—7　衬衫各类缝线针距密度要求

项目	针距密度	备注
明暗线	≥12 针 /3 cm	—
绗缝线	≥9 针 /3 cm	—
包缝线	≥12 针 /3 cm	包括锁缝（链式线）
锁眼	≥12 针 /1 cm	—

四、尺寸检验

衬衫出货前必须进行尺寸检验，即通过测量衬衫各部位的尺寸，对照客户要求，评定其尺寸是否合格。

1. 服装尺寸检验的工具、设备

服装尺寸检验最常用的测量工具是软尺或钢尺。测量成衣尺寸多使用软尺，但测量毛衫类服装尺寸时一般使用钢尺，如图 5—2 所示 。

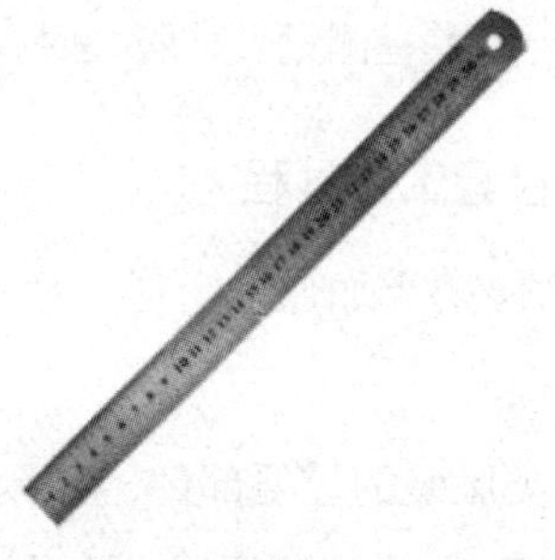

图 5—2　测量工具（左为软尺，右为钢尺）

2. 服装尺寸检验条件和方法

服装成品检验应在正常的北向自然光线下进行。如果在灯光下进行服装成品检验，应选用标准规定的照明日光灯管，其照度应不低于 750 lx（勒克斯，照度单位），检验工作台面积在（1×2）m^2 以上，并具有合适的高度。检验时，将抽取的样品平摊在检验台上，按规定逐件进行检验。检验员的视线与检验产品的距离为 50 cm 左右。

3. 服装尺寸检验手法和数据读取

由于服装是柔弹性、易变形产品，有些部位还有松紧带、抽摺、褶裥等调节松量设计，因此正确选定测量部位，掌握正确的测量手法，是服装尺寸检验的重要前提。

服装尺寸正确的测量方法是：

（1）软尺松度适宜

所使用的测量工具多为绳带或织带涂覆耐磨材料而成，为柔性可变形物体，所以测量时应用力适中。软尺只需轻微施力拉直即可。

（2）找准部位，足数测量

在对服装产品进行测量时，首先要找到测量部位，一般应将服装摊平，软尺沿测量部位表面拉直测量。测量时要注意两点：一是保证起止位置都准确，二是要确保经过需要测量的点。对于带有松紧结构的款式，需要适当拉开后进行测量。比如带有松紧带的款式，常采用松度和紧度方式测量。松度即是在放松（收紧）状态下量度，紧度是在不破坏缝制质量的前提下，拉伸（拉开）到最大程度时进行量度。

（3）关闭测量，围度半数读取

对服装的围度（胸围、腰围、袖口宽等）进行测量时，一般应关闭服装系紧结构（如扣上纽扣、闭合拉链等），摊平服装，避免存在被遮蔽的褶皱，然后量取一半的围度尺寸，再换算成整个围度的尺寸。

（4）正视读数，减少误差

在读取测量数据时，要保证眼睛近距离正视读数，即视线与尺子上的刻度垂直，以最大限度减少误差，尤其是测量长款服装时，更要注意读数的准确。

4. 衬衫的尺寸检验工作过程

衬衫各部位测量及说明如下：

（1）领子

领子是衬衫类服装的重要部件，其尺寸必须严格控制。领子常用测量部位（见图5—3）及操作方法如下：

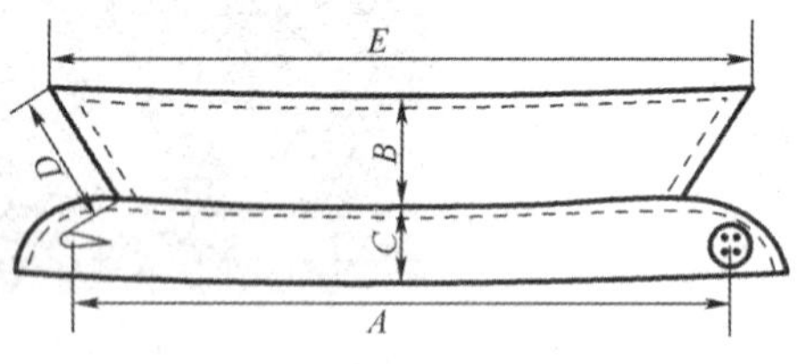

图5—3　领子测量部位名称

1）领围 A：指扣眼和纽扣的中心间距。常用测量方法有两种：一种是将前幅纽扣打开，将领子摊平测量；另一种是将服装穿在合适的人台上，扣上扣子，沿领围测量。

2）翻领高 B：也叫领面宽，在翻领后中位处量度。

3）底领高 C：需将纽扣打开，领子摊平，在底领后中位处量度。

4）领尖长 D：领尖到领面和领底缝份的距离。

5）翻领宽 E：也叫领面长，铺平领子，量度领面外边缘长度。

（2）前身

正对成衣前身，铺平需测量的部位进行量度。前身各测量部位（见图5—4）及操作方法如下：

1）领尖距 F：将纽扣闭合并适当翻压领子，使其呈自然状态，量度两领尖的间距。

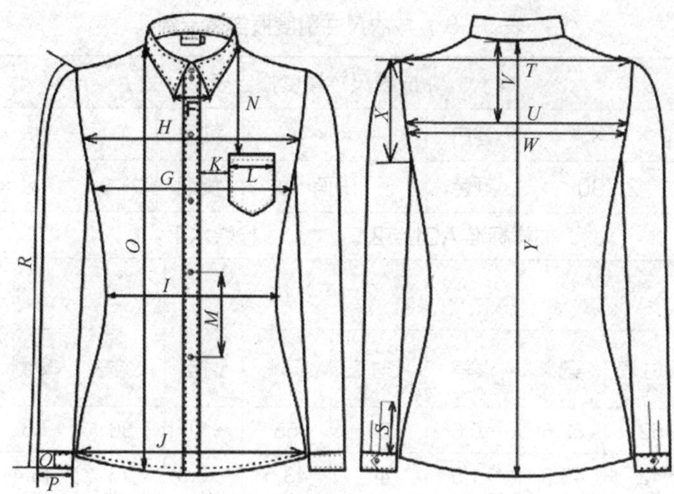

图 5—4　衬衫测量部位名称

2）胸围 G：扣好纽扣并摊平前后身，在袖窿底或袖窿以下 2.5 cm 的位置横量。

3）前胸围 H：也叫前阔、前横，量度两袖窿弧线间的最短距离。

4）腰围 I：量度腰部两侧缝之间的最短距离。

5）下摆 J：也叫摆阔、衣脚阔，将衣服铺平，量度下摆处两侧缝的直线距离。

6）袋位 K/N，袋口宽 L：按照客户指示或标准要求测量。

7）纽距 M：量度相邻两纽扣中心的间距，注意纽扣不等距的情况。

8）前长 O：量度肩领点到前幅下摆的垂直距离。

（3）袖子

1）袖克夫 P/Q：将纽扣扣合，铺平袖口，量度其宽度和长度。

2）袖长 R：量度肩点到袖口的长度，注意沿袖外缘对折线量度。按照客户指示的不同，分为包括袖克夫长度、不包括袖克夫长度两种情况。

3）袖衩 S：按照客户指示或标准要求测量。

（4）后身

1）肩宽 T：将衣服纽扣扣好，反面铺平，量度两肩点的间距。

2）育克 U/V：也叫担干，解开纽扣，反面铺平后背和领位，沿育克缝量取育克宽度，从后领底的中点处到育克缝为育克高。

3）后背宽 W：也叫背阔、后横，量度两袖窿弧线间的最短距离。

4）袖窿深 X：也叫夹圈深，量度从肩点到袖窿底的直线距离。

5）衣长 Y：铺平后身，量度从后领底中点到下摆的长度。

各个部位的测量结果均应及时填写到成衣尺寸量度报告表（示例见表 5—8）中。测量结束后，要参考有关标准或者客户制定的极限误差，在备注栏填写检验意见。

表 5—8　成衣尺寸量度报告表示例

成衣尺寸量度报告表									单位：cm	
单号	××××		客户	××××		款号	××××			
数量	2 790		颜色	浅蓝		货期	××××			
抽样标准 AQL= 2.5　检验水平：IL										
尺码 / 部位名称	S			M			L			极限误差
	尺寸表	实测	误差	尺寸表	实测	误差	尺寸表	实测	误差	
前长	52	52.6	+0.6	54	55	+1.0	56	56	0	1.0
胸围	42	43.5	+1.5	44	43.5	−0.5	46	46.4	+0.4	2.0
袖长	71	70.5	−0.5	74	74	0	77	76.8	−0.2	0.5
袖头长	16	16	0	17	16.8	−0.2	18	18.2	+0.2	0.1
袖头宽	5.6	5.5	−0.1	5.6	5.5	−0.1	5.6	5.5	−0.1	0.1
袖缝长	35	35	0	36.5	36.2	−0.3	38	38	0	0.5
袖窿深	22	22	0	23	22.5	−0.5	24	24	0	0.5
前省长	20	20	0	21	21.5	+0.5	22	22	0	0.3
底摆宽	42.5	43	+0.5	44.5	44	−0.5	46.5	46	−0.5	1
前底摆翘	6	5.7	−0.3	7	7.2	+0.2	8	8.2	+0.2	0.3
门襟宽	3	3	0	3	3	0	3	3	0	0.1
门襟长	37.5	37.8	+0.3	38	38	0	39.5	39	−0.5	0.5
领座高	3	3	0	3	3	0	3	3	0	0.1
领面宽	4.5	4.5	0	4.5	4.4	−0.1	4.5	4.5	0	0.1
领围	38	38	0	39	39.2	+0.2	40	40.2	+0.2	0.2
领尖长	5.5	5.4	−0.1	6	6	0	6.5	6.5	0	0.1
胸宽	31	31.2	+0.2	32	32	0	33	33	0	0.2
肩宽	36	36.5	+0.5	37.5	37	−0.5	39	39.2	+0.2	0.5
背宽	36	36	0	37	37	0	38	38	0	0.2
后省长	21.5	21.6	+0.1	22	21.8	−0.2	23	22.8	−0.2	0.3
摆缝长	25	25	0	26	26	0	27	27.1	+0.1	0.2
后底摆翘	7	7	0	7.5	7.4	−0.1	8	8	0	0.3
后育克高	8	8	0	8	7.9	−0.1	8	8	0	0.1
检验数量：5 件				合格数：3 件				不合格数：2 件		
备注：										

五、质量缺陷判定依据

衬衫成品质量缺陷的具体判定依据见表5—9。图5—5（见彩图2）为衬衫成品的典型缺陷。

表5—9　衬衫成品质量缺陷判定依据

项目	序号	轻缺陷	重缺陷	严重缺陷
外观及缝制质量	1	商标和耐久性标签不端正、不平服，明显歪斜	—	—
	2	—	—	使用粘合衬部位脱胶；外表面渗胶、起皱、起泡或粘胶
	3	熨烫不平服；有光亮	轻微烫黄、烫变色	变质、残破
	4	—	—	成品内含有金属针或金属利物
	5	领型左右不一致，折叠不端正，互差>0.6 cm（两肩对比、门襟里对比）；领窝、门襟轻微起兜；底领外露；胸袋、袖头不平服、不端正	领窝、门襟严重起兜	—
	6	表面有连根线长1.0 cm、纱毛长1.5 cm，2根以上；有轻度污渍，污渍面积≤2.0 cm^2；水花面积≤4.0 cm^2	有明显污渍，污渍面积>2.0 cm^2；水花面积>4.0 cm^2	—
	7	领子不平服，领面松紧不适宜；豁口重叠	领尖反翘	—
	8	缝制线路不顺直；止口宽窄不均匀；不平服；接线处明显双轨长>1.0 cm；起落针处没有回针；毛、脱、漏≤1.0 cm，30 cm内有两处单跳针；上下线轻度松紧不适宜	毛、脱、漏>1.0 cm且≤2.0 cm；领子部位有跳针；30 cm内有连续跳针或两处以上单跳针；上下线松紧严重不适宜	毛、脱、漏>2.0 cm；链式线迹跳线
	9	领子止口不顺；止口反吐；领尖长短不一致，互差≥0.3 cm；绱领不平服；绱领偏斜≥0.6 cm	领尖长短互差>0.5 cm；绱领偏斜≥1.0 cm；绱领严重不平服；0号部位有接线、跳线	领尖毛出
	10	压领线：宽窄不一致，下炕；反面线距>0.4 cm，或上炕	—	—
	11	盘头：探出0.3 cm；止口反吐、不整齐	—	—
	12	门、里襟不顺直；门、里襟长短互差≥0.4 cm	门、里襟长短互差≥0.7 cm	—
	13	针眼外露	钉眼外露	—
	14	口袋歪斜；口袋不方正；不平服；缉线明显宽窄；双口袋高低互差>0.4 cm	左右口袋距扣眼中心互差>0.6 cm	—
	15	绣花：针迹不整齐；轻度漏印迹	严重漏印迹；绣花不完整	—

续表

项目	序号	轻缺陷	重缺陷	严重缺陷
外观及缝制质量	16	袖头：左右不对称；止口反吐；宽窄互差>0.3 cm，长短互差>0.6 cm	—	—
	17	褶：互差>0.8 cm，不均匀，不对称	—	—
	18	大小袖衩长短互差>0.5 cm；左右袖衩长短互差>0.5 cm；袖衩封口歪斜	—	—
	19	绱袖不圆顺；吃势不均匀；袖窿不平服	—	—
	20	两袖长短互差≥0.6 cm	两袖长短互差≥0.9 cm	—
	21	十字缝互差>0.5 cm	—	—
	22	肩、袖窿、袖缝、合缝不均匀；倒向不一致；两小肩大小互差>0.4 cm	两小肩大小互差>0.8 cm	—
	23	省道：不顺直；尖部起兜；长短；前后不一致，互差≥1.0 cm	—	—
	24	锁眼间距互差≥0.5 cm；偏斜≥0.3 cm，纱线绽出	锁眼跳线、开线、毛漏	—
	25	扣与眼位互差≥ 0.4 cm；线结外露	钉扣线易脱散	—
	26	底边：宽窄不一致；不顺直；轻度倒翘；圆摆明显起裂	严重倒翘	—
规格尺寸允许偏差	27	超过标准规定 50% 以内	超过标准规定 50% 及以上	超过标准规定 100% 及以上
辅料及附件	28	线、滚条、衬等辅料的性能与面料不相适应；钉扣线与扣色泽不相适宜；装饰物不平服、不牢固	—	纽扣、附件脱落；纽扣、装饰扣及其他附件表面不光洁、有毛刺、有缺损、有残疵、有可触及锐利尖端和锐利边缘
经纬纱向	29	超过标准规定 50%以内	超过标准规定 50% 及以上	—
对条对格	30	超过标准规定 50%以内	超过标准规定 50% 及以上	—
图案	31	—	—	面料倒顺毛，全身顺向不一致；特殊图案或顺向不一致
色差	32	表面部位色差不符合标准规定半级	表面部位色差超过标准规定半级以上	—
疵点	33	2 号或 3 号部位超过标准规定	0 号或 1 号部位超过标准规定	0 号部位上出现 2 号或 3 号部位的疵点
针距	34	低于标准规定 2 针以内	低于标准规定 2 针以上	—

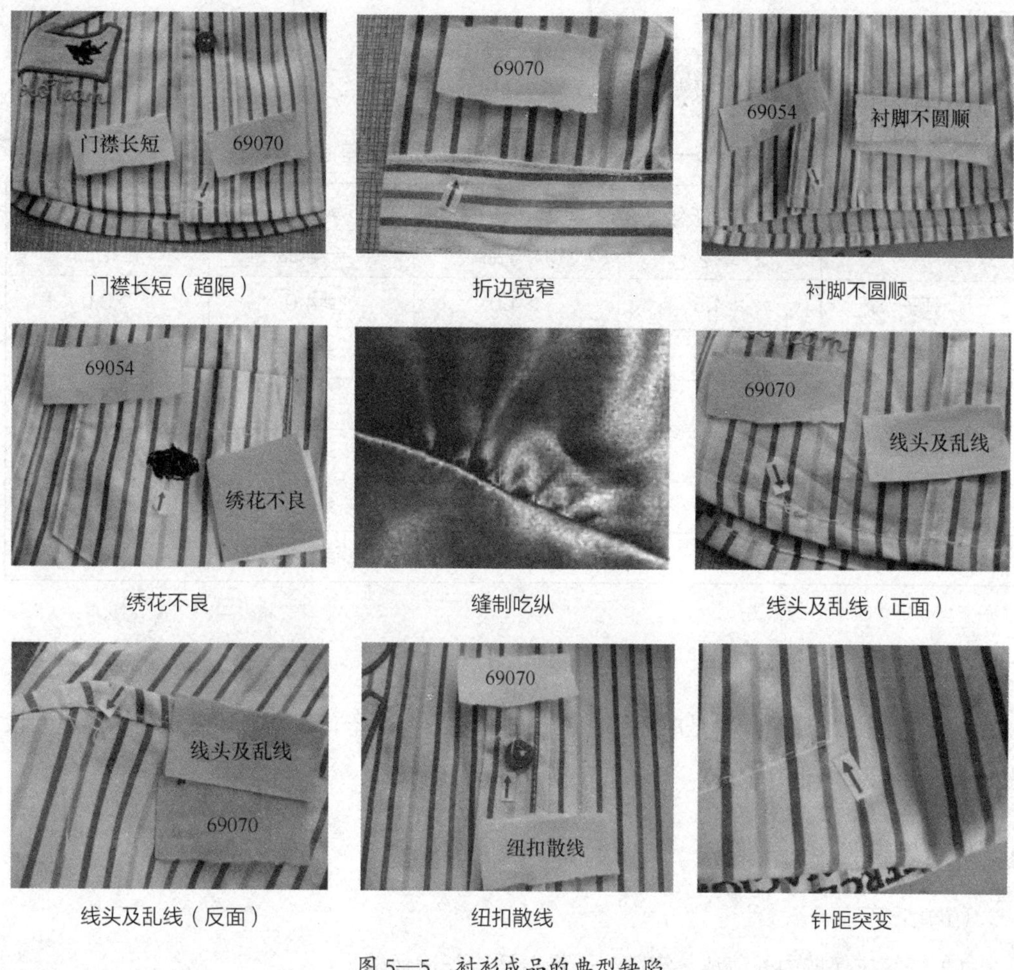

门襟长短（超限） 折边宽窄 衬脚不圆顺
绣花不良 缝制吃纵 线头及乱线（正面）
线头及乱线（反面） 纽扣散线 针距突变

图 5—5 衬衫成品的典型缺陷

六、理化性能检验

1. 主要部位收缩率检验

衬衫成品各主要部位收缩率指标见表 5—10。

表 5—10 衬衫成品各主要部位收缩率指标

等次 水洗（干洗）尺寸变化率（%） 部位名称	优等品	一等品	合格品
领大	≥－1.0	≥－1.5	≥－2.0
胸围	≥－1.5	≥－2.0	≥－2.5
衣长	≥－2.0	≥－2.5	≥－3.0

2. 主要部位起皱级差检验

衬衫成品主要部位起皱级差指标见表5—11。

表5—11 衬衫成品主要部位起皱级差指标

部位名称	洗涤前起皱级差（级）	洗涤后起皱级差（级）		
		优等品	一等品	合格品
领子	≥4.5	>4.0	≥4.0	>3.0
口袋	≥4.5	>3.5	≥3.5	>3.0
袖头	≥4.5	>4.0	≥4.0	>3.0
摆缝	≥4.0	>3.5	≥3.5	>3.0
底边	≥4.0	>3.5	≥3.5	>3.0
门襟	≥4.5	>3.5	≥3.5	>3.0

七、包装质量检验

服装成品包装质量检验是成品质量检验的重要内容之一，包括外包装检验、内包装检验、装箱检验及结果判定。

1. 外包装检验

（1）纸箱

1）纸箱应保持内外清洁、牢固、干燥，适应长途运输。

2）纸箱应衬垫防潮材料，具有保护商品的作用。

3）箱底箱盖封口严密、牢固，封箱纸（胶带）贴正，两侧下垂10 cm。

4）内外包装大小适宜。

5）加固带要正，松紧适宜，不准脱落，卡扣牢固。

（2）木箱

1）木板要清洁，适应长途运输，虫蛀、发霉、潮湿、腐朽的木箱不准使用。

2）木箱内不得露钉尖。

3）箱内应衬垫防潮材料，具有保护商品的作用。

4）加固带要正，松紧适宜，不准脱落，卡扣牢固。

（3）塑料编织袋

1）塑料编织袋内外清洁，无污染，包装袋应牢固、平整，适应长途运输。

2）封口要严，商品不漏失，编织袋无破裂。

（4）唛头标记

上述箱（袋）外唛头标记要清晰、端正，不得有任何污染。

2. 内包装检验

（1）实物装入盒内松紧适宜，有衣架的要端正平整。

（2）纸包折要端正，捆扎适宜。

（3）盒（包）内外清洁、干燥。

（4）盒（包）外标记字迹清晰。

（5）胶袋大小须与实物相适应，实物装入胶袋要平整，封口松紧适宜，不得有开胶、破损现象。

（6）胶袋透明度要强，印有字迹图案的要求清晰、不得脱落，并与所装服装上下方向一致。

3. 装箱检验

对照产品装箱单，检查包装的数量、颜色、规格、搭配是否符合要求。

4. 结果判定

（1）内外包装箱（袋）有破损、潮湿、严重污染、箱体变形、标记刷错、加固带脱落、木箱腐朽霉变虫蛀等现象，影响服装质量及运输，判为全批不合格。

（2）装箱不符合要求的，判为全批不合格。

八、检验结果判定

根据抽样规则，对整批货物中抽样衬衫的款式、尺寸、面辅料、制作工艺、后整理、包装等进行全面仔细的记录，统计出不合格品的件数等情况；再根据服装质量检验合格批和不合格批的判定方法，比较检验结果与批量产品的等级判定规则，判定该批产品属于何种情况（具体可参见表5—2），最终形成“成品质量检验报告单”。

1. 抽样规则

衬衫成品的外观质量检验抽样数量由产品批量决定。

（1）500件及以下，抽验10件。

（2）500件以上至1 000件（含1 000件），抽验20件。

（3）1 000件以上，抽验30件。

2. 判定规则

单件（样本）衬衫成品外观质量判定按表5—12规定执行。

表 5—12　单件（样本）衬衫成品外观质量判定规则

等次＼缺陷数量	严重缺陷数量	重缺陷数量	轻缺陷数量
优等品	0	0	≤3
一等品	0	0	≤5
	0	≤1	≤3
合格品	0	0	≤8
	0	≤1	≤4

第三节　西裤成品检验

西裤是裤子众多种类中的经典款式。本节重点阐述西裤检验时与衬衫有区别的内容，其他相似内容可参考本章第二节“衬衫成品检验”。

一、检验操作顺序

西裤成品检验的具体操作程序见表 5—13，服装企业检验西裤的操作过程示例如图 5—6 所示。

表 5—13　西裤检验具体内容

序号	部位名称	动作过程	检查内容
1	左侧全体	腰头部位于左侧，门襟向上平放于检验台上	（1）检查裤子的造型及条格是否对齐，丝绺是否顺直 （2）有无线头、污渍及面疵等
2	左腰头部	（1）左手压住腰头，右手食指、中指插入腰串带内，用力拉扯 （2）在插袋处，左手压住后裤片，右手拉动前裤片 （3）手插入袋里	（1）检查腰串带、套结是否牢固 （2）检查腰串带间距、宽窄是否一致 （3）检查侧缝装袋处是否牢固，缝迹是否美观 （4）检查袋里缝合是否牢固，口袋大小是否合适 （5）检查袋口套结位置是否正确、牢固、美观
3	左侧缝部		检查侧缝缝合是否平服，不得有吃势不匀现象，条格应对齐

续表

序号	部位名称	动作过程	检查内容
4	左、右裤内侧缝	左手拿住裤脚口，将左裤身翻起	（1）检查左右内侧缝是否平服、顺直、吃势均匀、对条对格 （2）检查裆底缝及裆缝是否圆顺，十字缝是否对齐
5	门襟部位	（1）右手拿住襟下端，左手将拉链拉上，拿住腰上端 （2）扣上纽扣，双手用一定力拉	（1）检查有无套结，是否牢固美观 （2）检查拉链是否滑顺，颜色是否同大身配色，拉链是否有锁定装置 （3）检查门里襟是否长短一致，里襟是否长于门襟 （4）门襟切线应宽窄一致、平服，里襟贴布应平服 （5）检查纽扣是否端正、牢固，金属件是否生锈
6	右侧全体	同“左侧全体”	同“左侧全体”
7	右腰头部	同“左腰头部”	同“左腰头部”
8	右侧缝部		同“左侧缝部”
9	后腰部	（1）将裤后腰朝上，左手分别伸入左右两后袋 （2）右手食指伸入袋盖纽眼中 （3）双手从裤腰内伸入，张开裤腰及臀围部	（1）检查袋口嵌线是否平直，有无裂形，套结位置是否正确 （2）袋力不应有脱线、漏针 （3）袋盖应大小适宜，锁纽眼应光洁、整齐、牢固，钉纽牢固 （4）左右两袋高低一致，进出相等 （5）左右后身条格应对称，检查腰围缉线及后省是否处理良好
10	裤里	（1）将裤里翻出 （2）左手拿住门襟上端，右手将裤腰里子展开	（1）检查腰里是否平服，套结位置是否正确、牢固 （2）检查后裆缝及侧缝上端是否采用双缉线缝制 （3）检查小裆垫布缝合是否良好 （4）包缝是否有脱线，线迹是否美观、整洁 （5）有无污渍、线头
11	前挺势	（1）双手持腰上端，使裤子自然下垂，从侧面观察 （2）旋转方向，从前观察	（1）检查两裤脚口有无错开 （2）检查两裤管是否自然贴合，有无不平服的牵扯

二、外观形制检验

1. 综合质量要求

西裤成品综合质量要求见表 5—14。

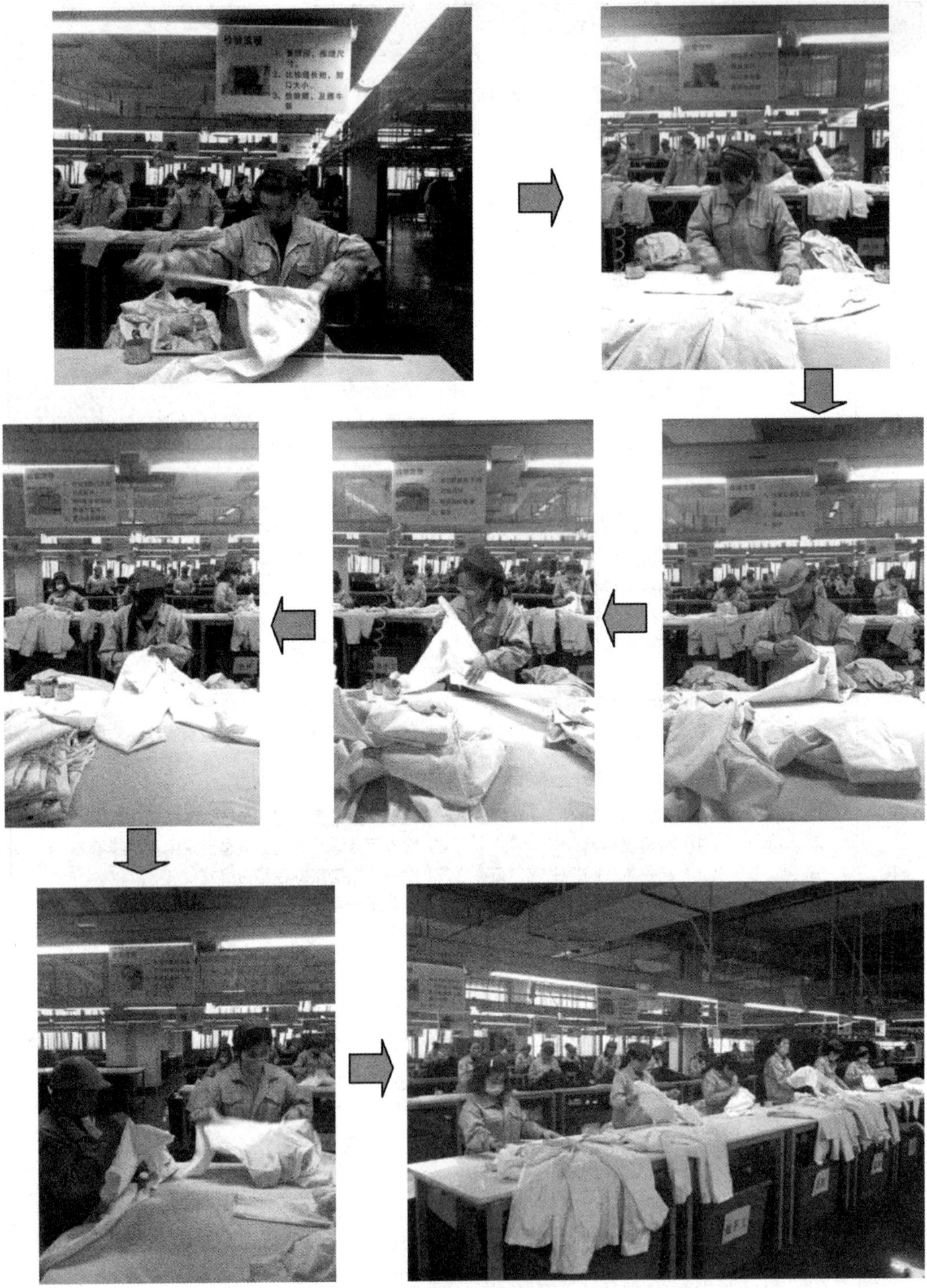

图 5—6　服装企业检验西裤操作过程示例

表 5—14 西裤成品综合质量要求

部位名称	序号	综合质量要求
裤腰	1	裤腰顺直平服，左右宽窄一致，缉线顺直，不吐止口
	2	串带部位准确、牢固、松紧适宜
	3	前身褶及后身省距离大小、左右相同。前后腰身大小、左右相同
门、里襟	4	门襟小裆封口平服，套结牢固，缉线顺直清晰
	5	门、里襟长短一致，贴门襟不过紧外吐，里襟平服，尖嘴圆头准确
	6	扣子与扣眼位置准确，拉链松紧适宜，拉链布不外露
	7	左右裤脚长短、大小一致；贴脚布居中，进出适宜；前后挺缝丝绺正直；栋缝与下裆缝、中裆以下必须对准
	8	栋缝顺直，松紧适宜；袋口平服，封口牢固；斜袋垫布须对条格
	9	后袋部位准确，左右相同，嵌线宽窄一致；封口四角清晰，套结牢固
	10	下裆缝顺直、无吊紧，后身拼接大小相同，后缝松紧一致，十字缝须对准
裤里	11	腰里整齐、松紧适宜，四件扣位置准确牢固，表袋平服
	12	膝盖绸大小适宜，大小裤底须平服，后缝须缉双明线
	13	袋布平服，封口无洞
	14	包缝线色泽须与面料相适宜
	15	里子大小、长短应与面料相适宜
	16	扯线袢位置准确，长短适宜
	17	里料色泽应与面料相适宜，无影响美观和牢固的疵点

2. 面辅料质量要求

（1）面料：按各类服装相对应标准选用。

（2）里料：采用与面料相适应的里料。

（3）衬布：可采用树脂衬、粘合衬等，其缩率应与面料相适应。

（4）缝线：可采用丝线、涤棉线等，其质量、色泽必须适合各使用部位。

（5）配件：纽扣、挂钩、拉锁无锈、耐用、光滑，其色泽与面料相适应。

3. 面料疵点检验

西裤成品主要部位划分如图 5—7 所示。西裤成品各部位面料疵点允许存在程度见表 5—15，各部位只允许一种允许存在程度内的疵点。

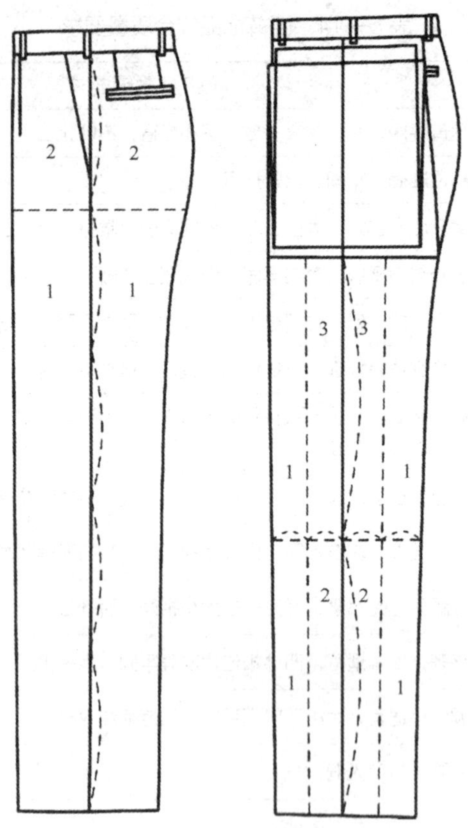

图 5—7　西裤成品主要部位划分

表 5—15　西裤成品面料疵点允许存在程度

疵点名称	各部位疵点允许存在程度		
	1 号部位	2 号部位	3 号部位
纱疵	不允许	轻微，总长度 1.0 cm 或总面积 0.3 cm^2 以下；明显不允许	轻微，总长度 1.5 cm 或总面积 0.5 cm^2 以下；明显不允许
毛粒（个）	1	3	5
条印、折痕	不允许	轻微，总长度 1.5 cm 或总面积 1.0 cm^2 以下；明显不允许	轻微，总长度 2.0 cm 或总面积 1.5 cm^2 以下；明显不允许
斑疵（油污、锈斑、色斑、水渍、粉印等）	不允许	轻微，总面积 0.3 cm^2 以下；明显不允许	轻微，总面积 0.5 cm^2 以下；明显不允许
破洞、磨损、蛛网	不允许	不允许	不允许

4. 色差检验

西裤成品色差允许程度为：下裆缝、腰头与大身色差不低于 4 级，其他表面部位色差高于 4 级；套装中上装与裤子的色差不低于 4 级；出口服装则要求同件或同套色差不低于 4 级，件与件之间色差不低于 3 ~ 4 级，箱与箱之间色差不低于 3 级。

5. 经纬纱向检验

西裤成品各部位面料经纬纱向规定见表 5—16。

表 5—16　西裤成品面料经纬纱向规定

部位名称	经纬纱向规定
前身	经纱以烫迹线为准，横裆线以下歪斜不大于 0.5 cm，色织条格料歪斜不大于 0.2 cm
后身	经纱以烫迹线为准，中裆线以下歪斜不大于 1.0 cm，色织条格料歪斜不大于 0.5 cm

6. 对条、对格检验

通常情况下，西裤成品面料有明显条、格，且宽度在 1.0 cm 及以上的，对条、对格按表 5—17 规定进行检验。

表 5—17　西裤成品面料对条、对格规定

部位名称	对条、对格规定
侧缝	横裆以下格料对横，互差≤0.2 cm
前后裆缝	格料对横，互差≤0.3 cm
袋盖与大身	条料对条，格料对横，互差≤0.2 cm

7. 拼接检验

西裤成品拼接要求为：腰头里、面允许拼接一处，男裤拼缝在后缝处，女裤拼缝在后缝或侧缝处。

三、缝制质量检验

1. 各主要部位缝制要求

（1）缝制线路顺直、整齐、平服。

（2）表面部位无毛、脱、漏，无连根线头。

（3）上下线松紧适宜。起落针处应有回针（省尖处可不回针，留有 1 ~ 1.5 cm 线头）。底线不得外露。

（4）明线或链式线迹不允许跳针、断线、接线，其他缝纫线线迹 30 cm 内不得有连续跳针或一处以上单跳针，不得脱线。

（5）侧缝袋口下端打结处以上 5 cm 至以下 10 cm 之间、下裆缝中裆线以上、后裆缝、小裆缝缉两道线，或用链式线迹缝制。

（6）袋口两端封口应牢固、整洁。

（7）袋布的垫料要折光边或包缝。袋布垫底平服。袋布缝制牢固，无脱、漏。

（8）绱拉链平服。绱拉链宽窄互差小于 0.3 cm。

（9）缝份宽度不小于 0.8 cm（开袋、门襟止口除外）。

（10）锁眼定位准确，大小适宜，无跳、开线、毛、漏，纱线无绽出。扣与眼对位，钉扣牢固。纽脚高低适宜，线结不外露。

（11）钉扣绕脚线高度与止口厚度相适应。

（12）腰头面、里、衬平服，松紧适宜。腰里不反吐，绱腰圆顺。

（13）门襟不短于里襟。门、里襟长短互差不大于 0.3 cm。门襟止口不反吐，门袢缝合松紧适宜。

（14）前、后裆圆顺、平服。裆底十字缝互差不大于 0.3 cm。

（15）串带牢固，长短互差不大于 0.4 cm，位置准确、对称，宽窄、左右、高低互差不大于 0.2 cm。袋位高低、袋口大小互差不大于 0.3 cm，左右互差不大于 0.3 cm。袋口顺直平服。

（16）后袋盖圆顺、方正、平服。袋口无毛露。袋盖里不反吐。嵌线宽窄小于 0.2 cm。袋盖不小于袋口。

（17）省道长短一致、左右对称，互差不大于 0.5 cm。

（18）两裤腿长短互差不大于 0.5 cm，肥瘦互差不大于 0.3 cm。

（19）两脚口左右大小互差不大于 0.3 cm，贴脚条止口外露。裤脚口错位互差不大于 1.5 cm，裤脚口边缘顺直。

（20）商标、耐久性标签位置端正、平服。

2. 针距密度要求

西裤成品各类缝线针距密度要求见表 5—18。

表 5—18　西裤各类缝线针距密度要求

项目		针距密度	备注
明暗线		不小于 11 针 /3 cm	—
包缝线		不小于 11 针 /3 cm	—
手工针		不小于 7 针 /3 cm	—
三角针	腰口	不小于 9 针 /3 cm	以单面计算
	脚口	不小于 6 针 /3 cm	
锁眼	细线	不小于 12 针 /1 cm	—
	粗线	不小于 9 针 /1 cm	—

四、尺寸检验

西裤成品主要部位规格的测量方法及允许偏差见图 5—8 和表 5—19。

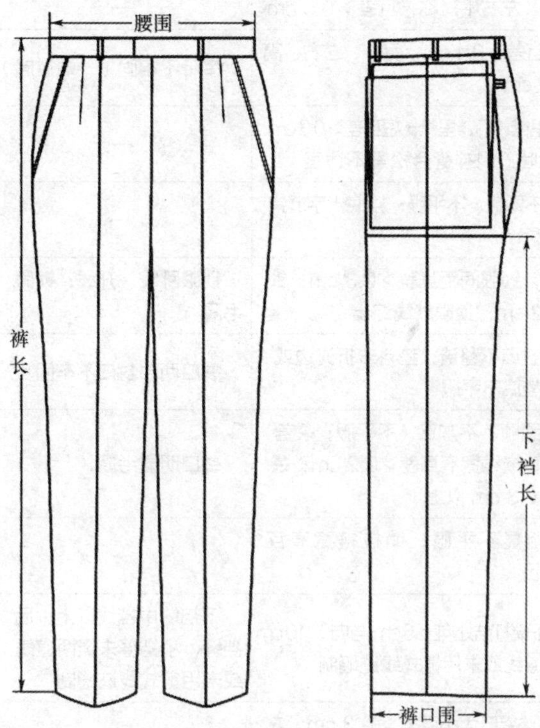

图 5—8　西裤成品主要部位规格的测量方法

表 5—19　西裤主要部位规格的测量方法和允许偏差

项目名称	测量方法	允许偏差（cm）
裤长	把裤子摊平，由腰头上边线沿侧缝垂直量至脚口边	±1.5
腰围	系好门襟，沿腰头宽中线水平测量一周	±1.0
臀围	取腰头下边线至横裆的 2/3 处，前后片分别水平测量两裤片宽度（周围计算）	±2.0

五、质量缺陷判定依据

西裤成品质量缺陷判定依据见表 5—20。图 5—9 为西裤成品的典型缺陷。

表 5—20　西裤成品质量缺陷判定依据

项目	序号	轻缺陷	重缺陷	严重缺陷
外观及缝制质量	1	腰头面、里、衬不平服，松紧不适宜；腰里明显反吐；绱腰不圆顺	—	—
	2	省道长短，左右不对称，互差＞0.5 cm	—	—
	3	串带长短互差＞0.4 cm，宽窄、左右、高低互差＞0.2 cm	串带不牢固（一端掀起）	—
	4	门襟短于里襟；门、里襟长短互差＞0.3cm；门襟止口反吐；门袢缝合松紧不适宜	—	—
	5	前、后裆不圆顺、不平服；裆底十字缝错位互差＞0.3 cm	—	—
	6	锁眼偏斜，锁眼间距互差＞0.3 cm；锁眼偏斜＞0.2 cm；锁眼纱线绽出	锁眼跳线、开线；锁眼毛漏	锁眼漏开眼
	7	袋口两端封口不整洁；垫料未折光边或包缝；袋布垫底不平服	袋口两端封口不牢固	袋布脱、漏
	8	后袋盖不圆顺、不方正、不平服；袋盖里明显反吐；嵌线宽窄互差＞0.2 cm；袋盖小于袋口 0.3 cm 以上	袋口明显毛露	—
	9	绱拉链明显不平服；绱拉链宽窄互差＞0.3 cm	—	—
	10	侧缝袋口下端打结处向上 5cm 与向下 10cm 之间未缉两道线或未用链式线迹缝制	下裆缝中裆线以上、后裆缝、小裆缝未缉两道线或未用链式线迹缝制	—
	11	袋位高低、袋口大小互差＞0.3 cm，左右互差＞0.3 cm，袋口不顺直或不平服	—	—
	12	两裤腿长短互差＞0.5 cm，肥瘦互差＞0.3 cm	两裤腿长短或肥瘦互差＞0.8 cm	—
	13	两脚口大小不一致，互差＞0.3 cm；贴脚条止口不外露	两脚口大小不一致，互差＞0.6 cm	—
	14	裤脚口错位互差＞1.5 cm；裤脚口边缘不顺直	裤脚口错位互差＞2 .0 cm	—
	15	缝制线路不顺直、不整齐、不平服	1 号、2 号部位缝纫线路严重歪曲	—
	16	缝纫线迹 30 cm 内有两处单跳或连续跳针；明线接线	明线或链式线迹跳针；明线双轨	明暗线或链式线迹断线、脱线（装饰线除外）
	17	针距密度低于标准规定 2 针以内（含 2 针）	针距密度低于标准规定 2 针以上	—
	18	商标、耐久性标签位置不端正、平服	—	—
	19	熨烫不平服；烫迹线不顺直；臀部不圆顺；裤脚未烫直；缝子未烫开	轻微烫黄、变色、亮光	烫黄、变质，严重影响使用和美观

续表

项目	序号	轻缺陷	重缺陷	严重缺陷
外观及缝制质量	20	表面有 3 根及以上大于 1.0 cm 的连根线头	表面部位毛、脱、漏	表面部位毛、脱、漏，严重影响使用和美观
	21	扣与眼位互差＞ 0.2 cm；纽脚高低不适宜；线结外露	扣与眼位互差＞ 0.5 cm；钉扣不牢固	
规格尺寸允许偏差	22	超过标准规定的 50% 及以内	超过标准规定的 50% 以上	超过标准规定的 100% 及以上
辅料及附件	23	辅料的色泽、色调与面料不相适应	辅料的性能与面料不适应，拉链不顺滑	纽扣、附件脱落；纽扣、装饰扣及其他附件表面不光洁，有毛刺、缺损、残疵、可触及锐利尖端和锐利边缘。拉链啮合不良。14 周岁以下男童门襟拉链无里贴（襟）
经纬纱向	24	纱向歪斜超过标准规定 50%及以内	纱向歪斜超过标准规定 50%以上	—
对格、对条	25	对条、对格超过标准规定 50% 及以内	对条、对格超过标准规定 50% 以上	面料倒顺毛，全身顺向不一致
色差	26	表面部位色差超过标准规定的半级以内；衬布影响色差低于 3 ～ 4 级	表面部位色差超过标准规定的半级及以上；衬布影响色差低于 3 级	—
疵点	27	2 号、3 号部位超过标准规定	1 号部位超过标准规定	破损等严重影响使用和美观的疵点
拼接	28	—	不符合国家标准规定	—

六、理化性能检验

1. 干洗后收缩率检验

西裤成品干洗后收缩率按 FZ / T 80007.3—2006《使用粘合衬服装耐干洗测试方法》测试，检验指标见表 5—21。

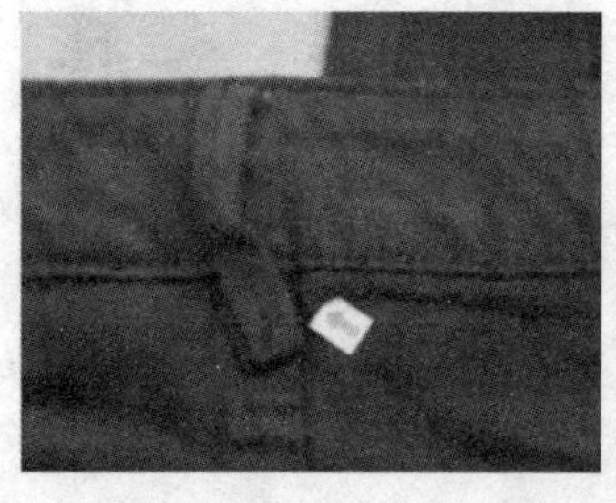
耳仔歪斜

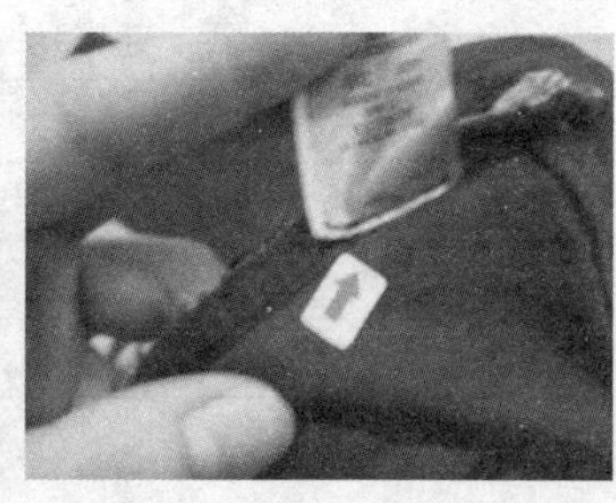
烂洗水唛

纽牌（门襟）歪斜

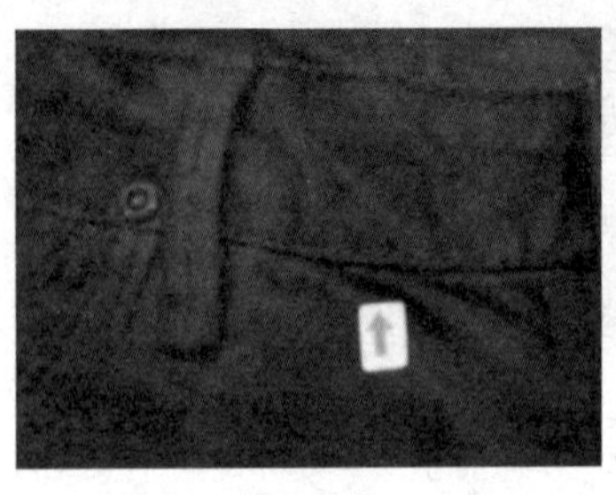
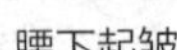
腰下起皱

腰头欠圆顺

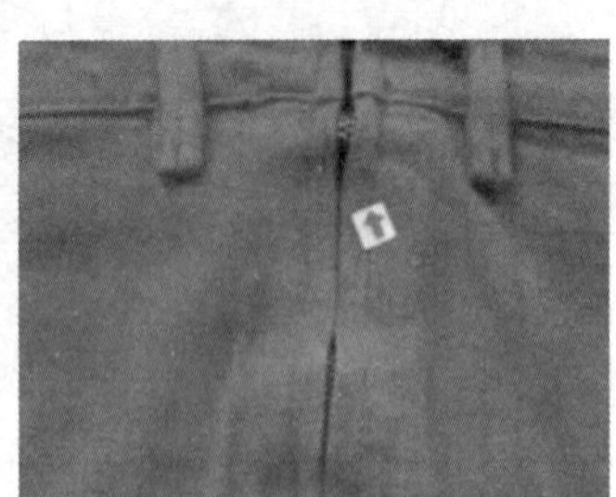
后中拉链起波浪

图 5—9　西裤成品的典型缺陷

表 5—21　西裤干洗后收缩率指标

部位名称	干洗后收缩率（%）
裤长	≤1.0
腰围	≤0.8

2. 色牢度检验

西裤成品面料色牢度允许程度见表 5—22。

表 5—22　西裤成品面料色牢度允许程度

项目名称		面料色牢度允许程度（级≥）		
		优等品	一等品	合格品
耐干洗	变色	4 ~ 5	4	3 ~ 4
	沾色	4 ~ 5	4	3 ~ 4
耐干摩擦	沾色	4	3 ~ 4	3

3. 起毛、起球检验

参照 GB / T 4802.1—2008《纺织品　织物起毛起球性能的测定　第 1 部分：圆轨迹法》，西裤成品面料起毛、起球允许程度见表 5—23。

表 5—23　西裤成品面料起毛、起球允许程度

项目名称	面料起毛、起球允许程度（级≥）	
	优等品	一等品、合格品
精梳（绒面）	3 ~ 4	3
精梳（光面）	4	3 ~ 4
粗梳	3 ~ 4	3

4. 缝制强力检验

西裤后裆缝面料接缝强力不小于 140 N/（2.5 cm×10 cm），西裤主要部位面料、里料缝子纰裂程度不大于 0.6 cm。

七、检验结果判定

1. 抽样规则

西裤成品的外观质量检验抽样数量由产品批量决定。

（1）500 条（含 500 条）以下，抽验 10 条。

（2）500 条以上至 1 000 条（含 1 000 条），抽验 20 条。

（3）1 000 条以上，抽验 30 条。

2. 判定规则

单件（样本）西裤成品外观质量判定规则见表 5—24。

表 5—24　单件（样本）西裤成品外观质量判定规则

等次 \ 缺陷数量	严重缺陷数量	重缺陷数量	轻缺陷数量
优等品	0	0	≤4
一等品	0	0	≤6
	0	≤1	≤3
合格品	0	0	≤8
	0	≤1	≤6

第四节　西服成品检验

西服是人们在正式场合穿着的主要服装款式之一，具有其最基本的形式。同时，随着流行的变化，西服的某些细节部位一直发生着形式的改变。西服的制作工艺较为复杂，质量检验的标准比衬衫、西裤更为严格。

一、检验操作顺序

西服成品检验的具体操作程序见表 5—25。

表 5—25 西服检验具体内容

序号	部位名称	动作过程	检查内容
1	前身全体	将服装穿于模特架上，扣上第一粒纽扣	（1）前身的造型 （2）对格对条的部位 （3）有无明显污渍、线头、面疵等
2	领、驳头	左右两手分别放入领缺嘴下，自上而下移动	（1）衣领的绢缝效果，领面阔度，有否松紧、翘、卷 （2）左右领、驳头面是否左右对称；条格面料是否对条对格 （3）驳头折线是否坚挺、平直
3	门襟	右手于纽孔下，左手于表面周围检查	（1）锁纽眼是否光滑、美观、牢固，钉纽是否美观、牢固 （2）门襟、里襟止口是否平服、顺直，有无止口反吐，门、里襟是否长短一致 （3）挂面相对于前身有适宜的松紧度
4	左前肩部	左手拿袖与前身的缝合部位，略微向外翻转	检查领迹线、垫肩及袖山是否缝制美观，吃势是否适宜、平服
5	左前身	左手拿前身面料，略微抖动	（1）暗缝线有否过面，是否牢固；暗缝有无跳针，吃势是否均匀 （2）粘合衬是否有起壳现象 （3）面料丝绺是否顺直
6	左腰袋	右手翻起袋盖，左手插入袋内，略微拉动袋里	（1）袋盖的图纹是否与前身配合；袋盖里面料是否松紧适宜，有无卷翘 （2）套结与前线是否牢固、美观；嵌线是否有裂形，松紧是否适宜 （3）袋里滴针是否有遗漏，是否滴到袋内
7	左袖	（1）左手由袖口伸入衣袖，右手拿住袖的外袖缝及内袖缝，略微拉动 （2）分开袖衩部位	（1）内外袖缝是否平服、吃势均匀 （2）内外袖缝是否有滴针，面料与夹里是否因滴针引起不平服 （3）袖开衩的暗缝是否牢固、美观 （4）整袖的缝制有无过高或过低
8	右前肩部	同“左前肩部”	同“左前肩部”
9	右前身	（1）同“左前身” （2）左手插入手巾袋，略扯动夹里	（1）同“左前身” （2）贴袋与前身是否缝制牢固、美观、平服；袋夹里是否与胸衬有滴针
10	右腰袋	同“左腰袋”	同“左腰袋”
11	右袖	同“左袖”	同“左袖”；对比两袖是否对称一致
12	左侧缝及腋下	（1）将模特转动 90°，使服装侧面正对检验者 （2）左手翻起右袖	（1）侧缝是否平服 （2）袖窿线腋下是否平服，吃势是否均匀

续表

序号	部位名称	动作过程	检查内容
13	背面	将模特转动 90°，使背面正对检验者	（1）后背整体造型及条格与花型是否美观、符合要求 （2）各暗条是否平服、顺直 （3）是否有污渍、线头、面疵等
14	左后肩部	左手拿袖与大身缝合处，略向外翻	（1）装袖是否圆顺、饱满，暗缝是否吃势均匀 （2）左后肩缝制是否平服，位置是否正确
15	后领	（1）右手食指伸入后领下，左右移动 （2）翻起后领	（1）检查领的缝制是否平服、牢固，领面是否平服、自然 （2）检查后领翻好后是否松紧适宜，有无爬领或荡领
16	右后肩部	同“左后肩部”	同“左后肩部”
17	摆衩或后衩	右手翻起摆衩，并略拉动	（1）开衩是否有搅豁 （2）开衩处缝合是否牢固、平服 （3）里外是否长短一致
18	前身夹里	将衣服取下，反穿于模特上，并将前身正对检验者	（1）检验夹里缝制是否有足够的余量，是否有较严重的裂形 （2）是否有污渍、线头、面疵 （3）商标是否缝制端正
19	左袖窿	（1）将上袖夹里线迹分开 （2）左右手分别拉住前身与袖夹里	（1）检查上袖夹里、针迹是否过稀，吃势是否均匀，是否有滴针 （2）肩缝、装领线是否松紧适宜、平服、美观
20	左里袋	将左手插入袋内，略扯动袋里	检查领线、套结是否缝制完善，袋里是否有滴针
21	门襟挂面	左手拿住挂面驳折线处，右手拿住前身面料，略拉动	（1）挂面内拱针是否有遗漏，拱针是否在表面露出 （2）挂面与夹里缝合吃势是否均匀、适宜
22	右袖窿	同“左袖窿”	同“左袖窿”
23	右里袋	同“左里袋”	同“左里袋”
24	里襟挂面	同“门襟挂面”	同“门襟挂面”
25	后身夹里	将模特转动 180°，使背部正对检验者，手拿背缝处夹里，轻微拉动	（1）检查夹里是否有充足的余量，缝制是否有裂形 （2）是否有污渍、线头、面疵等 （3）背缝是否有滴针
26	两袖夹里	（1）检验者站在模特背面，双手从袖窿处插入两袖内 （2）顺势取下衣服，将服装翻转至反面	检查夹里在上时袖夹里是否有扭曲

二、外观形制检验

1. 综合质量要求

西服成品综合质量要求见表 5—26。

表 5—26　西服成品综合质量要求

部位名称	序号	综合质量要求
前身	1	门襟平挺，左右两边下摆外形一致（圆、平摆），无搅豁
	2	止口顺直，无起皱反吐，宽窄相等，圆的要圆，方的要方，尖的要尖
	3	驳口平服顺直，左右两边长短一致，串口要直，左右领缺相同
	4	胸部挺满，无皱无泡，省缝顺直，高低一致，省尖无泡形，省缝与袋口进出左右相等
	5	手巾袋平服，封口须清晰牢固，经纬条格须与大身对齐
	6	大袋平服，嵌线宽窄一致，袋盖与袋口大小适宜，封口方正、牢固，袋盖、袋片无宽窄，双袋大小、高低、进出斜势一致
领子	7	领子平服，不爬领、荡领，翘势应准确
	8	前领丝绺正直，领面松紧适宜，左右两边丝绺须一致，包领结实，花绷整齐，领力切线清晰
袖子	9	两袖垂直，前后一致，长短相同，左右袖口大小、袖衩高低一致，袖口宽窄左右相等
	10	袖窿圆顺，吃势均匀，前后无吊紧、曲皱
	11	袖口平服整齐，扣位正确
	12	连袖（套裤袖）中缝须平顺，大袖中缝须对准省缝
肩	13	肩头平服，无皱、无裂形；肩缝顺直，吃势均匀；连袖（套裤袖）左右、大小一致
	14	肩头宽窄、左右一致；垫肩两边进出一致，里外适宜
后背	15	背部平服、背缝挺直，左右条格或丝绺须对齐
	16	后背两边吃势要顺
	17	后衩平服无搅豁
摆缝	18	摆缝顺直平服，松紧适宜，腋下不能有波浪形下沉
下摆	19	下摆平服顺直，贴边宽窄一致，撬针不外露
里子	20	各部位保持平服，里子大小、长短应与面料相适宜，余量适宜
	21	里料色泽与面料色泽相协调
	22	里子前身、后背不允许有影响美观和牢固的疵点
	23	里袋高低、进出两边一致；封口清晰牢固，袋布平服，缉线牢固

2. 面辅料质量要求

（1）面料：可根据各自的款式或参照相关标准选用。

（2）里料：采用与面料性能、色泽相适应的里料。

（3）衬布：采用软衬、黑炭衬、粗布衬、粘合衬等，其收缩率应与面料相适应，选用粘合衬时可与其他衬布并用。

（4）垫肩：采用棉或化纤棉等。

（5）缝线：可采用丝线、涤棉线等，敷衬用棉线，其质量、色泽必须适合各使用部位。

（6）纽扣：耐用、光滑，色泽与面料相适应。

3. 面料疵点检验

男、女西服成品主要部位划分如图 5—10、图 5—11 所示。西服独立部位只允许有一处疵点（优等品前领面及驳头不允许出现疵点），西服成品各部位面料疵点允许存在的程度见表 5—27。

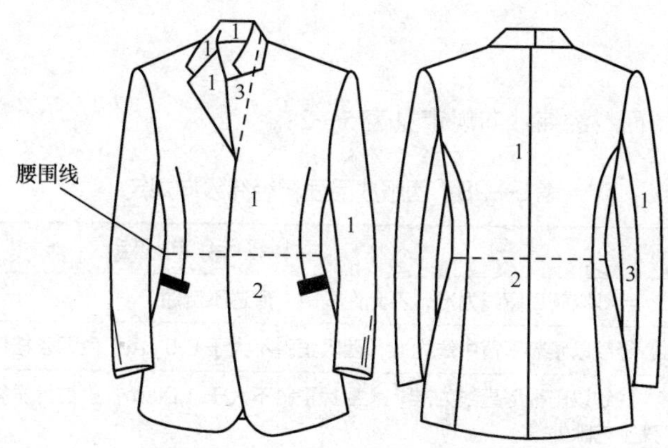

图 5—10　男西服成品主要部位划分

图 5—11　女西服成品主要部位划分

表 5—27　西服成品面料疵点允许存在程度

疵点名称	各部位疵点允许存在程度		
	1 号部位	2 号部位	3 号部位
纱疵	不允许	轻微，总长度 1.0 cm 或总面积 0.3 cm^2 以下；明显不允许	轻微，总长度 1.5 cm 或总面积 0.5 cm^2 以下；明显不允许
毛粒（个）	1	3	5
条印、折痕	不允许	轻微，总长度 1.5 cm 或总面积 1.0 cm^2 以下；明显不允许	轻微，总长度 2.0 cm 或总面积 1.5 cm^2 以下；明显不允许
斑疵（油污、锈斑、色斑、水渍等）	不允许	轻微，总面积 0.3 cm^2 及以下；明显不允许	轻微，总面积 0.5 cm^2 及以下；明显不允许
破洞、磨损、蛛网	不允许	不允许	不允许

4. 色差检验

西服成品色差允许程度为：袖缝、摆缝色差不低于4级，其他表面部位色差高于4级；出口服装则要求同件或同套色差不低于4级，件与件之间色差不低于3～4级，箱与箱之间色差不低于3级。

5. 经纬纱向检验

西服成品各部位面料经纬纱向规定见表5—28。

表5—28 西服成品面料经纬纱向规定

序号	部位名称	面料经纬纱向规定
1	前身	经纱以领口宽线为准，不允许歪斜；底边不倒翘
2	后身	经纱以腰节下背中线为准，西服歪斜不大于0.5 cm；色织条格料不允许歪斜
3	袖子	经纱以前袖缝直线为准，大袖片歪斜不大于1.0 cm，小袖片歪斜不大于1.5 cm（特殊工艺除外）
4	领面	纬纱歪斜不大于0.5 cm，色织条格料不允许歪斜
5	袋盖	与大身纱向一致，斜料左右对称
6	挂面	经纱以止口直线为准，不允许歪斜

6. 对条、对格检验

通常情况下，西服成品面料有明显条、格，且宽度在1.0 cm及以上的，各部位面料具体对条、对格规定见表5—29。当西服面料有明显条、格，宽度在0.5 cm及以上且小于1.0 cm的，要求互差不大于0.1 cm。

表5—29 西服成品面料对条、对格规定

序号	部位名称	对条、对格规定
1	左右前身	条料对条，格料对横，互差不大于0.3 cm。左右对称
2	手巾袋与前身	条料对条，格料对格，互差不大于0.2 cm
3	大袋与前身	条料对条，格料对格，互差不大于0.3 cm
4	袖与前身	袖肘线以上与前身格料对横，两袖互差不大于0.5 cm
5	袖缝	袖肘线以下，后袖缝格料对横，互差不大于0.3 cm
6	背缝	以上部为准，条料对称，格料对横，互差不大于0.2 cm。左右对称
7	背缝与后领面	条料对条，互差不大于0.2 cm
8	领子、驳头	条格料左右对称，互差不大于0.2 cm
9	摆缝	袖窿以下10.0 cm处，格料对横，互差不大于0.3 cm
10	袖子	条格顺直；以袖山为准，两袖互差不大于0.5 cm

三、缝制质量检验

1. 各主要部位缝制要求

（1）各部位缝制线路顺直、整齐、牢固。

（2）缝份宽度不小于 0.8 cm（开袋、领止口、门襟止口缝份等除外）。滚条、压条要平服，宽窄一致。起落针处应有回针。

（3）上下线松紧适宜，无跳线、断线、脱线、连根线头。底线不得外露。各部位明线和链式线迹不允许跳针，明线不允许接线，其他缝纫线迹 30 cm 内不得有连续跳针或一处以上单跳针。

（4）领面平服，松紧适宜，领窝圆顺，左右领尖不翘。驳头串口、驳口顺直，左右驳头宽窄、领嘴大小对称，领翘适宜。

（5）绱袖圆顺，吃势均匀，两袖前后、长短一致。

（6）前身胸部挺括、对称，面、里、衬服帖，省道顺直。

（7）左右袋及袋盖高、低、前、后对称，袋盖与袋口宽相适应，袋盖与大身的花纹一致。袋布及其垫料应采取折光边或包缝等工艺，以保证边缘纱线不滑脱。袋口两端牢固，可采用套结机或平缝机回针。

（8）后背平服。

（9）肩部平服，表面没有褶，肩缝顺直，左右对称。

（10）袖窿、袖缝、底边、袖口、挂面里口等部位叠针牢固。

（11）锁眼定位准确，大小适宜。扣与眼相对，整齐牢固。纽脚高低适宜，线结不外露。

（12）商标和耐久性标签位置端正、平服。

2. 针距密度要求

西服成品各类缝线的具体针距密度要求见表 5—30。

表 5—30 西服各类缝线针距密度要求

项目	针距密度	备注
明暗线	不少于 11 针 /3 cm	—
包缝线	不少于 11 针 /3 cm	—
手工针	不少于 7 针 /3 cm	肩缝、袖窿、领子不低于 9 针 /3 cm
手拱止口 / 机拱止口	不少于 5 针 /3 cm	—

续表

项目		针距密度	备注
三角针		不少于 5 针 /3 cm	以单面计算
锁眼	细线	不少于 12 针 /1 cm	—
	粗线	不少于 9 针 /1 cm	—

四、尺寸检验

西服成品主要部位规格的测量方法及允许偏差见图 5—12 和表 5—31。

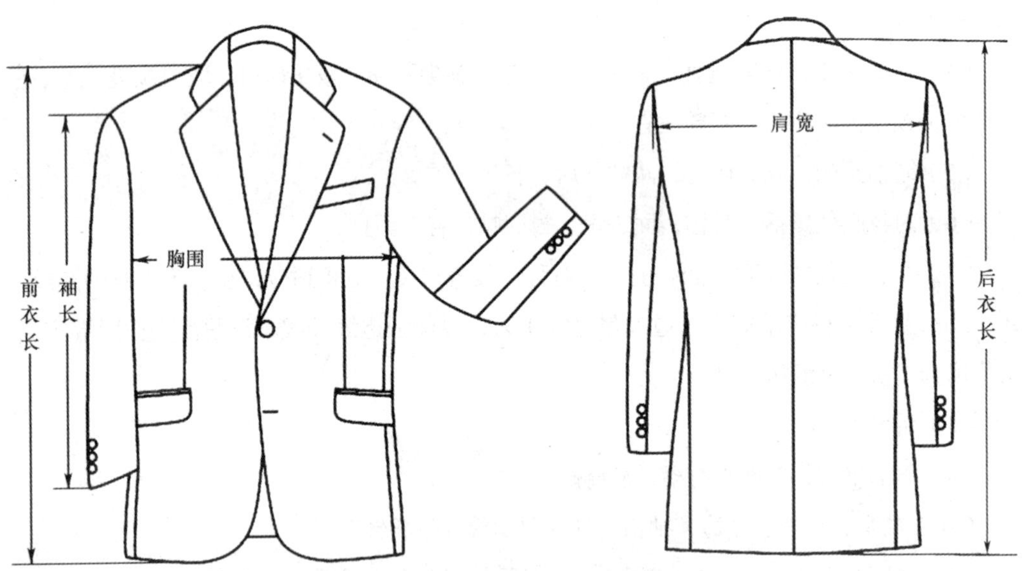

图 5—12　西服成品主要部位规格的测量方法

表 5—31　西服主要部位规格的测量方法和允许偏差

部位名称		测量方法	允许偏差（cm）	备注
衣长		前衣长：由颈侧点垂直量至底摆 后衣长：由后领口线中点垂直量至底摆	±1.0	上衣架测量
胸围		将纽扣扣好，前后身摊平，沿袖窿最低点水平测量一周	±2.0	—
袖长	圆袖	由袖山顶点即肩点，沿袖外侧量至袖口边	±0.7	上衣架测量
	连肩袖		±1.2	
总肩宽		由左肩点沿后身水平量至右肩点	±0.6	上衣架测量
领大		领子摊平，测量领下口长度（与衬衫相同）	±0.6	—

五、质量缺陷判定依据

西服成品质量缺陷的具体判定依据见表 5—32。

表 5—32　西服质量缺陷判定依据

项目	序号	轻缺陷	重缺陷	严重缺陷
外观及缝制质量	1	领子、驳头面、衬、里松紧不适宜，表面不平挺	领子、驳头面、衬、里松紧明显不适宜、不平挺	—
	2	领口、驳口、串口不顺直；领子、驳头止口反吐	—	—
	3	领尖、领嘴、驳头左右不一致，尖圆对比互差＞0.3 cm，领豁口左右明显不一致	—	—
	4	领窝不平服、起皱；绱领（领肩缝对比）偏斜＞0.5 cm	领窝严重不平服、起皱；绱领（领肩缝对比）偏斜＞0.7 cm	—
	5	领翘不适宜，领外口松紧不适宜，底领外露	领翘严重不适宜，底领外露＞0.2 cm	—
	6	肩缝不顺直、不平服；后省位左右不一致	肩缝严重不顺直、不平服	—
	7	两肩宽窄不一致，互差＞0.5 cm	两肩宽窄不一致，互差＞0.8 cm	—
	8	胸部不挺括，左右不一致；腰部不平服	胸部严重不挺括；腰部严重不平服	—
	9	袋位高低互差＞0.3 cm，前后互差＞0.5 cm	袋位高低互差＞0.8 cm，前后互差＞1.0 cm	—
	10	袋盖长短、宽窄互差＞0.3 cm；口袋不平服、不顺直；嵌线不顺直，宽窄不一致；袋角不平整	袋盖小于袋口（贴袋）0.5 cm（一侧）或小于嵌线；袋布垫料毛边无包缝	—
	11	门、里襟不顺直、不平服；止口反吐	止口明显反吐	—
	12	门襟长于里襟，互差＞0.5 cm 以上；里襟长于门襟；门、里襟明显搅豁	—	—
	13	眼位距离偏差＞0.4 cm；锁眼间距互差＞0.3 cm；眼位偏斜＞0.2 cm	—	—
	14	扣眼歪斜、扣眼大小互差＞0.2 cm；扣眼纱线绽出	扣眼跳线、开线、毛漏；漏开眼	—
	15	扣与眼位互差＞0.2 cm（包括附件等）；钉扣不牢	扣与眼位互差＞0.5 cm（包括附件等）	—
	16	底边明显宽窄不一致，不圆顺；里子底边宽窄明显不一致	里子短，面明显不平服；里子长，明显外露	—
	17	绱袖不圆顺，吃势不适宜；两袖前后不一致，互差＞1.5 cm；袖子起吊、不顺	绱袖不圆顺；两袖前后明显不一致，互差＞2.5 cm；袖子明显起吊、不顺	—
	18	袖长左右对比互差＞0.7 cm；两袖口对比互差＞0.5 cm	袖长左右对比互差＞1.0 cm；两袖口对比互差＞0.8 cm	—

续表

项目	序号	轻缺陷	重缺陷	严重缺陷
外观及缝制质量	19	后背不平、起吊；开衩不平服、不顺直；开衩止口明显搅豁；开衩长短互差 > 0.3 cm	后背严重不平服、起吊	—
	20	衣片缝合明显松紧不平、不顺直；连续跳针（30 cm 内出现两个单跳针按连续跳针计算）	表面部位有毛、脱、漏；缝份小于 0.8 cm；起落针处缺少回针；链式缝迹有一处跳针	—
	21	有叠线部位漏叠 2 处及以下；衣里有毛、脱、漏	有叠线部位漏叠超过 2 处	—
	22	明线宽窄不一致、不顺直或不圆顺	明线接线	—
	23	滚条不平服、宽窄不一致；腰节以下活里没包缝	—	—
	24	商标和耐久性标签不端正、不平服，明显歪斜	—	—
	25	轻度污渍；熨烫不平服；有明显水花、亮光；表面有大于 1.5 cm 的连根线头 3 根及以上	有明显污渍，污渍面积大于 2.0 cm^2；水渍面积大于 4.0 cm^2	有严重污渍，污渍面积大于 3.0 cm^2；烫黄等严重影响使用和美观
	26	针距密度低于标准规定 2 针及以内	针距密度低于标准规定 2 针以上	—
色差	27	表面部位色差不符合标准规定半级；衬布影响色差 3 ~ 4 级	表面部位色差超过标准规定半级以上；衬布影响色差低于 3 ~ 4 级	—
拼接	28	—	不符合标准规定	—
疵点	29	2 号、3 号部位超过标准规定	1 号部位超过标准规定	破损等严重影响使用和美观的疵点
规格尺寸允许偏差	30	超过标准规定的 50% 及以内	超过标准规定 50% 以上	超过标准规定的 100% 及以上
对条、对格	31	对条、对格超过标准规定 50% 及以内	对条、对格超过超标准规定 50% 以上	面料倒顺毛，全身顺向不一致
经纬纱向	32	纱向歪斜超过标准规定 50%及以内	纱向歪斜超过标准规定 50%以上	—
辅料及附件	33	辅料的色泽、色调与面料不相适应	里料、辅料的性能与面料不适应，拉链不顺滑	纽扣、附件脱落；纽扣、装饰扣及其他附件表面不光洁，有毛刺、缺损、残疵、可触及锐利尖端和锐利边缘。拉链啮合不良

六、理化性能检验

1. 干洗后收缩率检验

西服成品干洗后收缩率指标：胸围 –0.8% ~ +0.8%，衣长 –1.0% ~ 1.0%。

2. 干洗后外观起皱级差检验

西服成品干洗后外观起皱级差指标见表 5—33。

表 5—33　西服成品干洗后外观起皱级差指标

等级	优等品	一等品	合格品
干洗后起皱级差（级）	>4	≥4	≥3

3. 覆粘合衬部位剥离强力检验

西服成品覆粘合衬部位剥离强力应不小于 6 N/（2.5 cm × 10 cm）。

七、检验结果判定

1. 抽样规则

西服成品的外观质量检验抽样数量由产品批量决定。

（1）500 件（含 500 件）以下，抽验 10 件。

（2）500 件以上至 1 000 件（含 1 000 件），抽验 20 件。

（3）1 000 件以上，抽验 30 件。

2. 判定规则

单件（样本）西服成品外观质量判定规则见表 5—34。

表 5—34　单件（样本）西服成品外观质量判定规则

缺陷数量 / 等次	严重缺陷数量	重缺陷数量	轻缺陷数量
优等品	0	0	≤4
一等品	0	0	≤6
	0	≤1	≤3

续表

缺陷数量 等次	严重缺陷数量	重缺陷数量	轻缺陷数量
合格品	0	0	≤8
	0	≤1	≤6

思考与练习

1. 服装成品检验包括哪些项目？
2. 服装成品检验结果是如何判定的？
3. 练习操作男衬衫的成品检验。
4. 练习操作男西裤的成品检验。
5. 练习操作男西服的成品检验。